wisch, der von einem Dämon in einen Affen verwan
itän in Obhut genommen wird. Nach fünfzig Tagen
d unser Schiff festlag, siehe, da kamen zu uns Män
ser Schiff hinauf, beglückwünschten die Kaufleute zur
illkommen und sendet euch diese Rolle Papier, daß
t nämlich einen Wesir gehabt, der ein Kalligraph war
d geschworen, daß er nur jemanden zum Wesir machen
sie den Kaufleuten die Rolle Papier, die zehn Ellen
n konnten, bis zum letzten, schrieben jeder eine Zei-
eines Affen war, und riß die Rolle aus ihren Hän
so wollten sie mich davon weg jagen. Doch ich gab
önnte. Da bedeutete ihnen der Kapitän: „Laßt ihn
von; aber wenn er schön schreibt, so will ich ihn als Sohn
geren Affen als ihn." Dann nahm ich das Rohr, tauchte
schrift: Schon hat die Zeit verzeichnet die Güte al
t ist. Gott lasse die Menschen nicht durch deinen Ver
ater bist. Und dann schrieb ich in Schlankschrift:
Gaben alle Welt erreichen. Sie ward ein Land beschenkt
hen. Darauf schrieb ich in Steilschrift: Es gibt keinen ein
Hand geschrieben, besteht in Ewigkeit. Drum schreibe
sten Tage, wenn du es siehst, erfreut. Darauf in runder
nd als uns beiden Solch Los bestimmten die Wechselfälle
ungen des Rohres über der Trennung Leid. Darauf in
emanden getreu. Wenn du es nicht zugibst, sag, wo sind die
n, die bleiben doch erhalten. Darauf in großer Zier
Nimm Tinte dir von Hochsinn und von Edelmut.
dir dein Ruf und der deiner Feder gut. Darauf gab
ingen mit ihr zu dem König. Und als der König die
d er sagte zu den versammelten Großen: „Geht zu
wand, setzet ihn auf eine Mauleselin und ihm vor
rt ihn vor mich her." Bei diesen Worten aber lächelten
ebe euch Befehle, und ihr lacht?" „O K
nd nicht ohne Grund." „Und welches
s den Menschen vor dich zu führen
Adamssöhnen, sondern ein Affe,
t das wahr, was ihr mir sagt?" Und sie antworteten:
g staunte über ihre Worte, schüttelte sich vor Ver
Kapitän erstehen." Und er schickte Boten aus
Wachen und den Trommlern; und der sagte: „Klei
n auf das Maultier und laßt ihn von den Wa
ren." Und sie kamen zum Schiff und nahmen mich

Mach' mehr aus deiner Handschrift

VON

CHRISTINE HARTMANN

AUGUSTUS VERLAG

Die Deutsche Bibliothek – CIP-Einheitsaufnahme

Mach' mehr aus deiner Handschrift:
Anleitungen, Übungen, Vorlagen / Christine
Hartmann. – Augsburg : Augustus-Verl., 1994
ISBN 3-8043-0293-9

VORWORT

»Schrift ist das Bild der Stimme; je mehr es dieser gleicht, desto besser ist es.«

Voltaire

Vom Schreiben handelt dieses Buch. Vom Schreiben, das mehr ist als nur Mitteilung. Handschrift ist auch – und das ganz besonders – ein Ausdruck der Persönlichkeit wie unser Gang, unsere Gesten.

Pflege der Handschrift spiegelt somit nicht nur Traditionsbewußtsein wider, sie dient auch der Arbeit an der eigenen Persönlichkeit. Auch gibt es private Anlässe, bei denen Handschrift unverzichtbar bleibt.

Einen Liebesbrief, einen Glückwunsch, das Kondolenzschreiben oder die Urlaubskarte etwa mit der Schreibmaschine geschrieben? Schwer vorstellbar!
Nicht zu vergessen unsere Unterschrift, die einen besonders großen »schöpferischen« Spielraum bietet.
Und Schreiben macht Spaß! Kleine Schwächen im Schriftbild lassen sich geradezu spielerisch beheben.

Mehr aus seiner eigenen Handschrift zu machen – dafür möchte dieses Buch Hilfe und Anregung sein.

AUGUSTUS VERLAG AUGSBURG 1994
© Weltbild Verlag GmbH, Augsburg
Satz: DTP, Augustus Verlag
Gesetzt aus der 11/12 p Gill Sans Light
Reproduktion: LithoArt, München
Druck und Bindung: Appl, Wemding
Gedruckt auf 120 g umweltfreundlich chlorfrei gebleichtem Papier.
ISBN 3-8043-0293-9
Printed in Germany

Fotografie: Dr. Volker Dorsch, Offenbach
Lektorat: Michael Schönberger
Umschlaggestaltung: Christa Manner, München
Umschlagfoto: Klaus Lipa, Augsburg
Layout: Waltraud Liesenkloß-John, Mühlheim

Text auf den Innenseiten des Umschlages: Scheherezade erzählt in den 1001 Nächten, wie ein Derwisch von einem Dämonen in einen Affen verwandelt wird.

INHALT

Die Schrift der Griechen und Römer ist die Mutter aller unserer heutigen europäischen Schriften. In der frühen römischen Kaiserzeit, vor etwa zweitausend Jahren, wurden die klassischen Formen der römischen Großbuchstabenschrift, der Capitalis Quadrata, in Marmor gehauen. Durch ihre Schönheit und ausgewogenen Proportionen haben die Großbuchstaben der Römer bis heute ihre Gültigkeit behalten.
Im täglichen Leben, für Briefe, Verträge, Rechnungen, Notizen schrieben die Römer auf Wachstäfelchen und auch auf Papyrus eine flüchtige, oft schwer lesbare Kursivschrift. Ciceros Sekretär, Marcus Tullius Tiro, entwickelte sogar eine Kurzschrift, um die Reden und Diktate seines Herrn schnell mitschreiben zu können.
In der späten Kaiserzeit, im 3./4. Jahrhundert, entwickelte sich durch das viele schnelle Schreiben eine jüngere, römische Minuskelkursive. Die Kleinbuchstaben ließen sich beim eiligen Schreiben besser miteinander verbinden. In der Hektik des Alltags schrieb die unruhige Hand Ober- und Unterlängen bei den Kleinbuchstaben b, d, h, l, und g, p, q, die das Schriftbild nun bestimmten.
Im täglichen Umgang schrieb man die schönen Großbuchstaben nicht diszipliniert zwischen zwei Zeilen wie bei den kostbaren Handschriften. Das neue Vierzeilensystem bot aber dem geübten Schreiber ein reizvolles Feld der individuellen Kalligraphie.

In der europäischen Schriftgeschichte war es immer wieder der persönliche Duktus von großen Schreibern, der den Nährboden zu neuen Stilentwicklungen bildete. Mit dem Untergang des römischen Weltreiches zog sich die Kunst des Schreibens in die Stille der christlichen Klöster zurück. In dem politischen Wirrwarr der Spätantike verwilderte das Schreiben der römischen Schrift vollends.

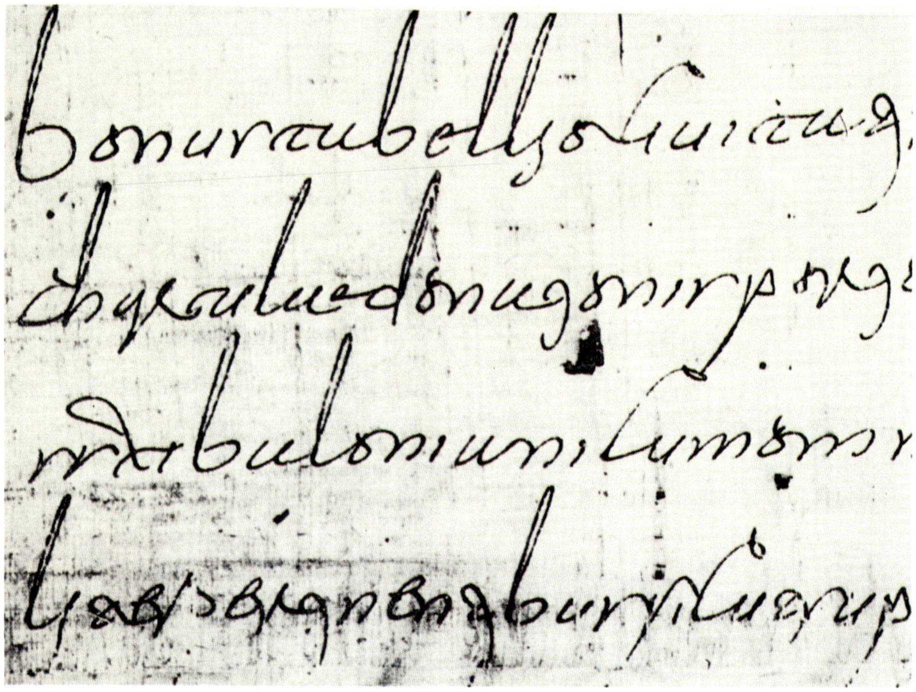

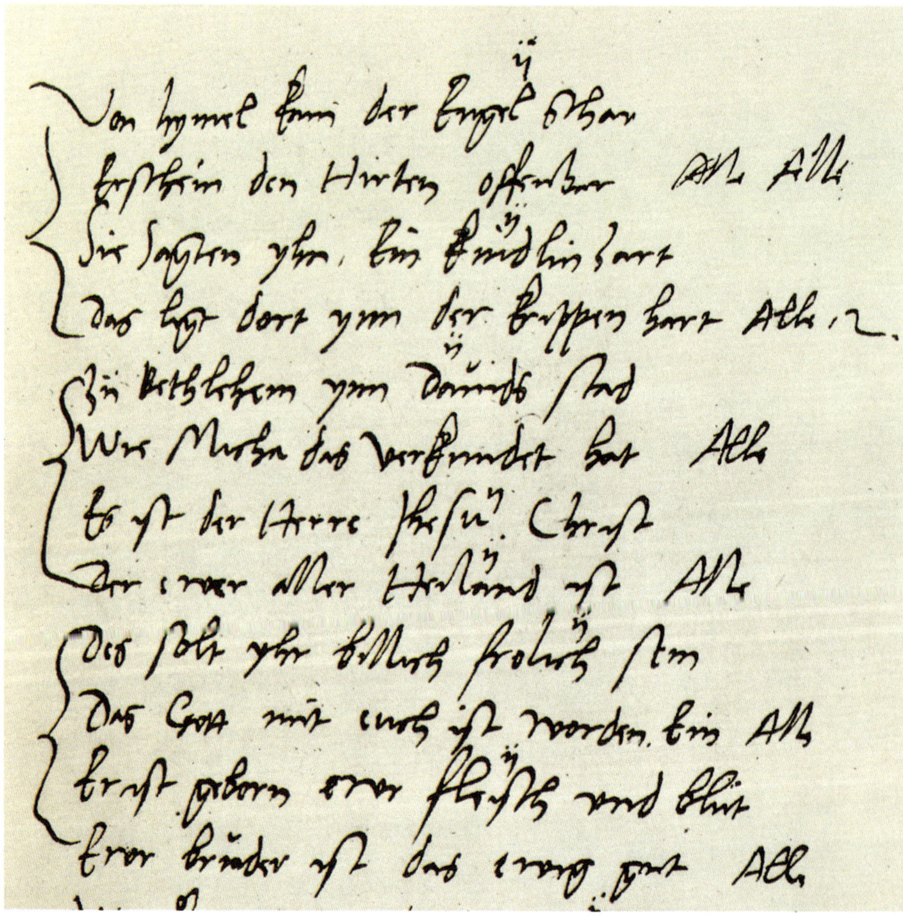

Oben:
Seite aus einem Schreibmeisterbuch, Leipzig, 1744
Die beiden Schmuckzeilen oben in Fraktur, die drei Zeilen unten in deutscher Kurrentschrift, da zwischen die fremdländischen Namen in lateinischer Kursivschrift

Links oben:
Schenkungsurkunde aus Ravenna, um 600 n. Chr., geschrieben auf Papyrus in einer spätrömischen Minuskelkursive

Links unten:
Martin Luther: »Vom Himmel kam der Engel Schar…«, zum Weihnachtsfest im Jahre 1542

Zu Weihnachten im Jahr 800 wurde Karl, König der Franken, in Rom zum Römischen Kaiser gekrönt. Kaiser Karls des Großen Regierungszeit war für die Entwicklung der lateinischen Schrift von entscheidender Bedeutung.
Vom 9. bis 12. Jahrhundert war die karolingische Minuskel eine gut lesbare, ganz diszipliniert geschriebene Kleinbuchstabenschrift im Vierzeilensystem (das heißt mit Ober- und Unterlängen) die Schrift des christlichen Abendlandes.
Klare Abstände zwischen den Worten, ein Text frei von Abkürzungen und Ligaturen (zwei ganz eng zusammengeschriebene Buchstaben) ergaben ein schönes, klares Schriftbild der ganzen Seite. Diese Schreibtendenz zu Zucht und Ordnung gründete fest in der mönchischen Disziplin der Klöster. In der karolingischen Kursive haben wir Quellen der Kleinbuchstaben, wie wir sie noch heute schreiben.
Es waren die italienischen Humanisten des 15. Jahrhunderts, die in ihrer Rück-

2 (65)

Collegium
Pater et Filius
Mens. Jan. MDCCLVII.

F. Ist es erlaubt mit in den Keller zu gehen?	Licetne tecum ire in cellam vinariam?
P. Ja es ist erlaubt, wenn du mir sagst, was du da selbst machen willst.	P. Immo licebit: ut primū dixeris, quid illic facturꝰ sis.
Auch hör, daß sie die Weine auffüllen wollen, und davon möchte ich einen Begriff haben.	F. Audio, quod vina replenda sint, cuius rei notionem veram habere cuperem.
P. Verschlagener! hierunter steckt etwas anders verborgen: sage die Wahrheit.	P. Astute, latet sub hoc quid monstri: dic verum.
F. Ich kann's nicht bergen, den Grund und Schluß-Stein habe ich Lust einmal wieder zu sehen.	F. Ingenue fatear: voluptas est tandem aliquando videre lapidem fundamentalem et clausularem.
P. Folge mir, dir soll in einem als andern will	P. Sequere me, voluntati tuae in utroq; satis fiet.

37

besinnung auf die Kultur der Antike die Texte der griechischen und römischen Klassiker suchten. Was sie in den Klosterbibliotheken fanden, waren nicht die originalen Handschriften der Griechen und Römer. Die so alt anmutenden Abschriften aus der Zeit der karolingischen Renaissance 9./10. Jahrhundert, hielten sie für die antiken Originale. In ihrer Verehrung für das Alte übernahm man im 15. Jahrhundert beim Abschreiben auch die Schriftform. Die karolingische Minuskel wurde so zum Vorbild der humanistischen Schrift der Renaissance. Die karolingische Minuskel wurde von den Schreibern des 15. und 16. Jahrhunderts oft täuschend ähnlich nachgeahmt.
Die karolingische Schrift, die man für die römische hielt, bekam deshalb die Bezeichnung »lettera antiqua«, das heißt: die alte Schrift (Antiqua). Diese Humanistenschrift des 15. Jahrhunderts wurde zuerst in Italien die Schrift der neuen Zeit; mit der Ausbreitung der humanistischen Studien an den europäischen Universitäten und der schnellen Verbreitung des Buchdrucks wurde die Antiqua in ganz Europa heimisch.
Der humanistisch gebildete Europäer las und sprach lateinisch. Die Vorlesungen in ganz Europa waren in lateinischer Sprache, die wissenschaftliche Literatur in Theologie, Jura und Medizin. Die Schrift in den wissenschaftlichen Büchern war die Antiqua, die humanistische Kursive. Noch im Jahre 1952 wurde in London eine Gesellschaft zur Pflege der Humanistenschrift gegründet.
Seit dem 16. Jahrhundert ist die humanistische Antiquakursive die moderne Schreibschrift Europas; ihre Schreiber bekennen sich zum Geist der Toleranz, der Freiheit und eines kritischen Geistes (siehe Brief von John Locke, S. 43).
Schaut man in die Schulhefte des siebenjährigen Johann Wolfgang von Goethe, erkennt man zwei recht ver-

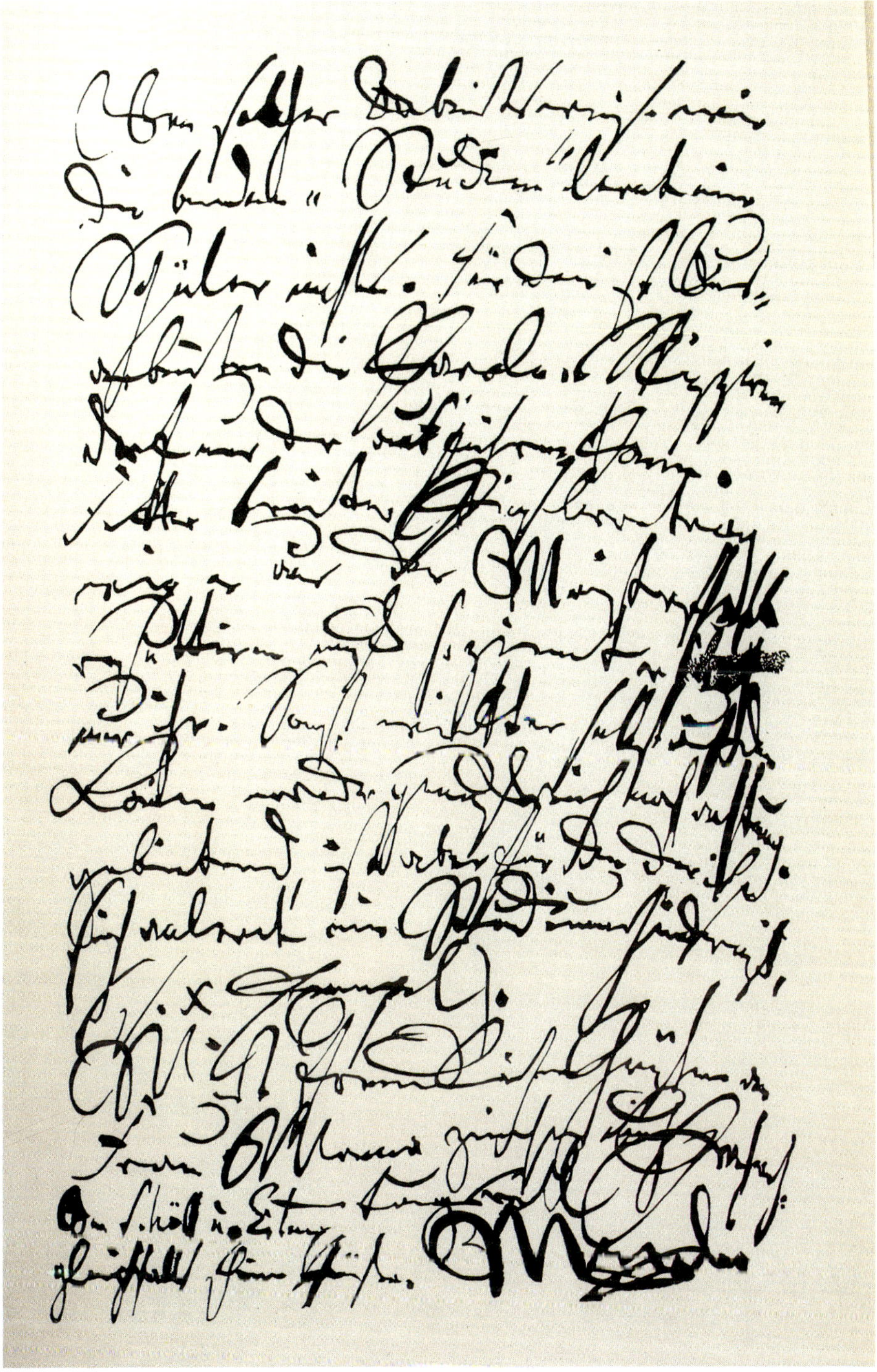

Links:
Eine Seite aus dem Schulheft des siebenjährigen Johann Wolfgang Goethe, Frankfurt am Main, 1757.
Deutsche Worte in Kurrentschrift, lateinische Worte in lateinischer Kursivschrift

Oben:
Aus einem Brief des Malers Adolph Menzel, 1815–1905.
Temperamentvolle deutsche Kurrentschrift aus dem späten 19. Jahrhundert

schiedene Schriftformen. Die lateinischen Worte schrieb er in lateinischer Schrift, die deutschen in deutscher Schrift. Dieses Nebeneinander von zwei Schriftformen, sowohl in der geschriebenen wie auch in der gedruckten Schrift, gab es in Deutschland von der Renaissance bis zum 3. Januar 1941; an diesem Tag erklärte auch für Deutschland ein Rundschreiben von Adolf Hitler die Antiqua-Schrift zur Normschrift. All die Jahrhunderte dachte man anders in Deutschland. Am 15.6.1794 schrieb Frau Rath Goethe in Frankfurt in einem Brief an ihren Sohn Wolfgang in Weimar: »... froh bin ich über allen Ausdruck, daß deine Schriften alte und neue nicht mit den mir so fatalen Lateinischen Lettern das Licht der Welt erblickt haben – beim Römischen Carneval da mags noch hingehen – aber sonst im übrigen bitte ich dich, bleibe deutsch auch in den Buchstaben ...«. Ein großer Teil der Bevölkerung empfand die lateinische Schrift als etwas Fremdes. Im protestantischen Norden pflegte man die Fraktur bewußt als ausdruckstarkes Kampfmittel gegen die lateinische Schrift aus Italien, dem Sitz des Papstes und der Inquisition. Martin Luther hatte 1520 die päpstliche Banndrohungsbulle in Wittenberg verbrannt und dem Papst nach Rom seine stolze Verteidigung »Von der Freiheit eines Christenmenschen« geschickt. Besonders die vielen Drucke des deutschsprachigen Katechismus von Martin Luther und die über 100 000 Exemplare der deutschen Bibel von ihm machten die Fraktur zu der deutschen Schrift, die die Ideen der Reformation und das deutsche Nationalbewußtsein gegenüber den romanischen Ländern stärkte.

Im gotischen Mittelalter schrieb man im Alltag eine flotte Kursivschrift, die damals schon »notula« (von notare = kurz aufzeichnen, notieren) hieß. In ihr liegt der Ursprung einer Vielzahl von deutschen Kursivschriften, die sich unter der Feder begabter Schreiber vom Spätmittelalter bis ins 19. Jahrhundert immer wieder wandelten.

dear doctoraclland
I can not write
a long letter
because I om too
young but hope
when I get
older i shall
write well.
George.

Noch im Jahre 1911 erhielt der Graphiker Ludwig Sütterlin vom preußischen Kultusministerium den Auftrag, für die deutsche und lateinische Schrift Normalalphabete zu entwickeln, die den Schulen als Vorlagen dienen sollten. 1915 wurde sie an den Schulen Preußens amtlich eingeführt. Vom 15. bis 18. Jahrhundert blühte in Europa eine bürgerliche Schreibkultur. Die Kunst des Schreibens hatte sich längst emanzipiert und war aus der Abgeschiedenheit der Klöster hinübergewechselt in die Freiheit der wirtschaftlich aufstrebenden Städte. Hier boten seit der frühen Neuzeit Schreib- und Rechenmeister ihre Dienste an, und in ihren berühmten Schreibmeisterbüchern versuchte einer den anderen in seinem kalligraphischen Können zu überbieten (siehe Bild S. 9).

Aus einem tiefverwurzelten Mitteilungsbedürfnis des modernen Menschen wurde das Briefeschreiben kultiviert. Gelehrte aus ganz Europa pflegten den Brief als Form der Disputation. Als Schreibwerkzeug diente jahrhundertelang die gut zugeschnittene, auf jeden Druck des Schreibers reagierende Vogelfeder, die einen reizvollen Wechselzug ermöglichte. Mit der englischen Metallfeder des frühen Industriezeitalters im 19. Jahrhundert erstarrte das Schreiben in einem monotonen Auf und Ab. Für unsere heutige Zeit wäre ein einheitliches Schriftkonzept für unsere Grundschulen wichtig. Dem Schönschreiben gerade bei den Anfängern sollte mehr Bedeutung zukommen, damit sich über ein gut eingeübtes Formniveau hinaus, die Handschrift später zu einer Charakterschrift entwickeln kann.

Christian Scheffler,
Leiter des Klingspor-Museums,
Offenbach am Main

Links:
Brief des jungen englischen Königs Georg V., geb. 3.6.1865, Regierungszeit 1910–1936. Aus: Mit der Feder zu Papier, (dtv 10025), S. 89

Rechts:
Brief aus Sousse, Tunesien 1992, Christine Hartmann

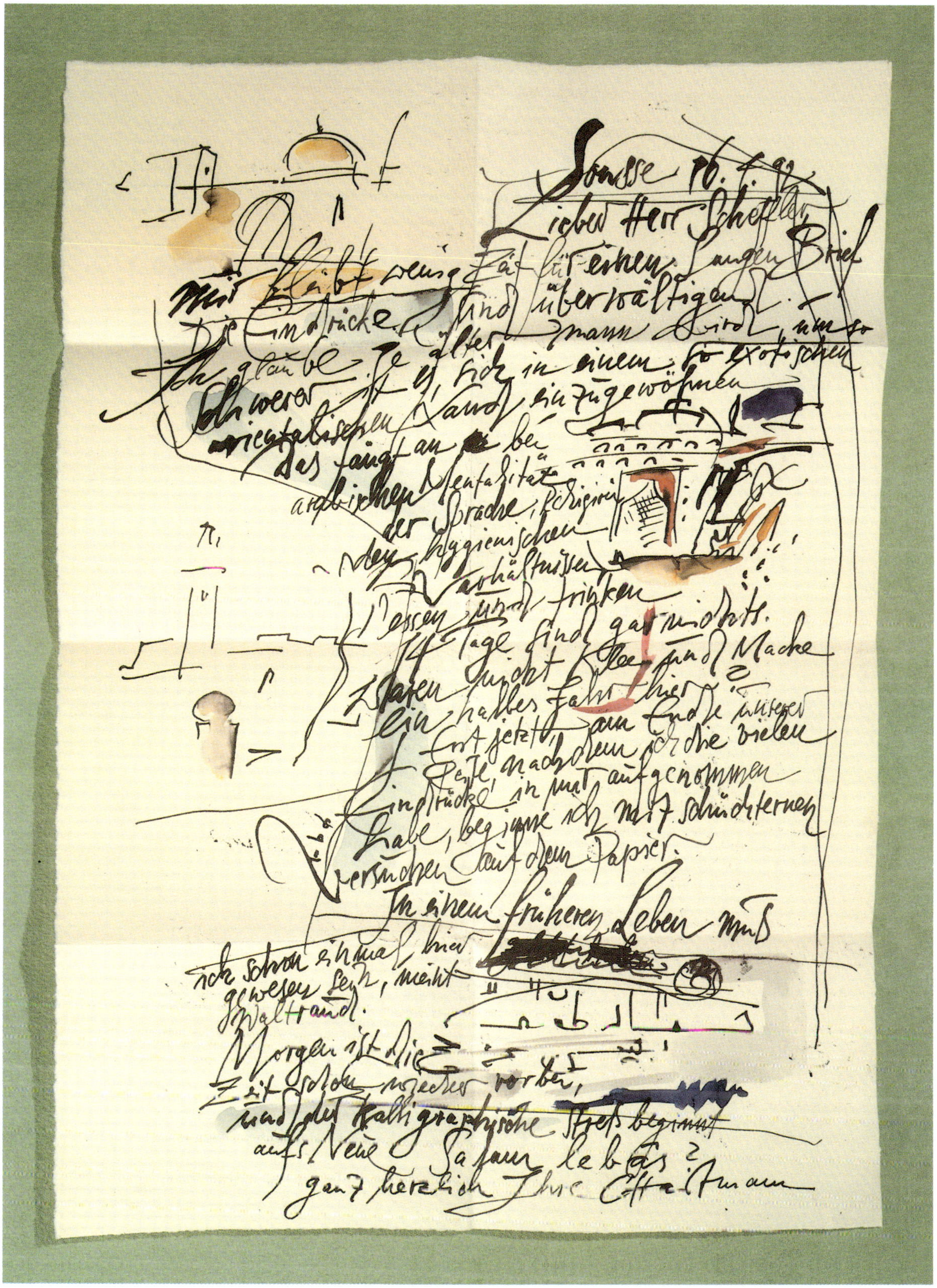
Sousse 16.5.92

Lieber Herr Scheffler,

mir bleibt wenig Zeit für einen langen Brief.
Die Eindrücke sind überwältigend.
Ich glaube, je älter man wird, um so
schwerer ist es, sich in einem so exotischen
orientalischen Land einzugewöhnen.
Das fängt an bei
arabischen Mentalität
der Sprache, Religion
den hygienischen
Verhältnissen
Essen und trinken
14 Tage sind gar nichts.
Klee und Macke
haben ein halbes Jahr hier
Erst jetzt, am Ende unserer
Reise, nachdem ich die vielen
Eindrücke in mich aufgenommen
habe, beginne ich mit schüchternen
Versuchen auf dem Papier.
In einem früheren Leben muß
ich schon einmal hier
gewesen sein, meint
Waltraud.
Morgen ist die
Zeit schon wieder vorbei,
und der kalligraphische Stress beginnt
aufs Neue. Sa fann leb das?
ganz herzlich Ihr [illegible]

ArtPen Calligraphy
– moderne Schreibfeder von *Rotring*, der klassischen Kielfeder nachempfunden. Im Gegensatz zum Füllfederhalter (mit Kugelspitze) ist die Feder flach geschliffen und ermöglicht Breit- und Haarstriche. Federbreiten der hier vorgestellten Pens sind 1,1/1,5/1,9 mm. Die *ArtPen italics* in zwei Federbreiten von 0,6 und 0,9 mm sind besonders elastisch. Der *Rotring Renaissance* ist ein klassischer Kolbenfüller mit flach geschliffener Feder.

Tinten: ArtPen Ink (Rot und Schwarz)
– speziell für den *ArtPen* vorgesehen und sowohl im Glas als auch in Patronen erhältlich, ebenso die *Brillant-Tinten* für alle Füllfederhalter. Es gibt sie in vielen Farben, die sich durch hohe Leuchtkraft auszeichnen.
Die Künstler-Aquarell-Farben von *Lukas* gibt es in Tuben und Näpfchen.

Abraxas / Schweiz
– Tinten aus eigenen Werkstätten nach alten Rezepturen hergestellt. Die Farbtinten, in 12 Farbtönen erhältlich, sind aus natürlichen Rohstoffen hergestellt.
Eisen-Gallus-Tinten: lichtecht und alterungsbeständig für Urkunden und Unterschriften.
Für eine nostalgische Note sorgen die historischen Federn (Seite 62/63) und die Siegel und Siegellacke in vielen Farben.

Richard de Bas-Bütten / Frankreich
– 100 % Hadern (Lumpen, d. h. holzfrei). In das Papier sind Gräser, Blüten und Blätter eingeschöpft. Zum Beschreiben verdünnte Aquarellfarbe verwenden.

Japico / Deutschland
– ein hadernhaltiges Papier in vielen Farbtönen, das sich z. B. gut mit dem *ArtPen* und dem Füllfederhalter (*Renaissance*) beschreiben läßt.

Fabriano / Italien
– ein handgeschöpftes Roma-Bütten aus der ältesten Papierfabrik Europas. Hochwertiges Schreib- und Aquarellpapier. Das handgeschöpfte Roma-Bütten in warmen Farbtönen zeigt als Wasserzeichen Romulus und Remus, die sagenhaften Brüder Roms.

Ingres Bütten
– ein in der Oberfläche angerauhtes Papier in vielen Farbtönen. Sehr gut geeignet zum Zeichnen mit Rötel, Kreide und Kohle. Benannt nach dem französischen Maler J. A. D. Ingres, 1780–1867, auf dessen Wunsch es seinerzeit hergestellt wurde.

Hahnemühle und Zerkall / Deutschland
– ein hochwertiges Maschinenbütten, Zeichen- und Aquarellkarton. Das im Handel erhältliche Briefpapier zeichnet sich durch sehr gute Oberflächenleimung aus und ist daher für den klassischen Füllfederhalter bestens geeignet.

Die obengenannten Papiere der Firma *Japico Drissler Feinpapiere*, Frankfurt am Main, sind über den Fachhandel zu beziehen.

Erinnern Sie sich
Schule macht

Erinnern Sie sich noch? Generationen haben auf ihr geschrieben! Die alte Schiefertafel war praktischer als man es heute annimmt. Ein falsches Wort wurde schnell mit dem Schwamm oder gar mit Spucke weggewischt. Der spröde Schieferuntergrund und der Griffel waren für die unsichere Kinderhand eine Hilfe, denn durch den Widerstand des Materials konnten die Schreibbewegungen langsamer und sorgfältiger ausgeführt werden.

EINE ANLEITUNG ZUM SCHREIBEN

Schon in einem Kritzelblatt, das beim Telefonieren oder auch in Gedanken entstehen kann, liegt ein graphischer Reiz. Häuser, Männchen, Kreise, Spiralen – jeder von uns kennt das. Damit nicht genug. Das geschriebene Wort in der Öffentlichkeit, an grauen Beton- und Hauswänden, eingeritzte Buchstaben auf Parkbänken und in Baumrinden sind Botschaften.

Jede Handschrift hat ihre individuellen Eigenheiten, die nicht verändert werden sollten. Es sind oft nur Kleinigkeiten, die das Schriftbild stören und bei denen es sich lohnt, geringfügige Korrekturen vorzunehmen. Beginnen wir mit den Schreibwerkzeugen.

Der Füllfederhalter
Über Jahre hinweg haben wir uns an den Kugelschreiber und Filzstift gewöhnt. Die Umstellung z. B. auf den Füller birgt Überraschungen: mehr Widerstand, variable Strichstärken, das Herausfinden, welche Federbreiten zu mir passen.
Wie wäre es mit dem Versuch, eine kleine Handschrift mit einer breiteren Feder größer zu schreiben?
Das Sortiment der *Rotring Renaissance* Füllfederhalter bietet eine umfangreiche Auswahl von Federstärken an. Besonders zu empfehlen sind die *Rotring ArtPen italics* mit der Federstärke von 0,6 und 0,9 mm.
Wenn die Schrift unregelmäßig und groß ist und keine Linie halten kann, d. h. nach oben oder unten abdriftet, kann ein bewußtes Zeilentraining Abhilfe schaffen.

Das Papier
Nicht jedes Papier eignet sich zum Schreiben. Auf dem Markt werden Briefpapiere angeboten, die zwar vom Aussehen ansprechend, zum Beschreiben aber völlig untauglich sind. Die schlechte Oberflächenleimung läßt die Tinte wie bei einem Löschpapier durchlaufen.

Dagegen stehen auf dem klassischen Briefpapier – in Naturtönen von Weiß über Elfenbein bis hin zu einem zarten Grau – alle Tinten, auch die farbigen, sehr gut.

Je rauher ein Papier in der Oberfläche ist, um so schwieriger ist es, mit dem Füller darauf zu arbeiten. Der *ArtPen Calligraphy* von *Rotring*, den es in neun verschiedenen Federbreiten und auch für Linkshänder in drei Federbreiten gibt, ist auch für rauhes Papier sehr gut geeignet.

Packpapier, ein einfaches, beliebiges Produkt, ist von seiner Oberflächenstruktur her ein idealer Schreibgrund. Eine kleine Anregung: Das Packpapier jahreszeitlich bemalen und beschriften, das Geschenk darin verpacken und statt eines gekauften Geschenkbandes mit Pinsel und Farbe eine Schleife aufmalen. Das ist preiswert, die persönliche Note kommt garantiert gut an.

Die Tinten
Sie sind im Fachgeschäft in vielen Farbtönen erhältlich und lassen sich untereinander mischen. Ebenso können auch die Brillant-Tinten für den *ArtPen* benutzt werden.
Eine mit Wasser verdünnte Tinte läßt sich auch ein zweites Mal gut mit Tinte überschreiben.

Die Farben
Außer mit farbigen Tinten und Tuschen sollte man auch Künstlerfarben ausprobieren. An erster Stelle sind die *Aquarellfarben* und *Temperafarben* zu nennen. Tubenfarben werden im Verhältnis 1:1 mit destilliertem Wasser verdünnt, sie trocknen wasserfest auf und eignen sich für alle Papiere.
Achtung! Verdünnte Aquarellfarben nicht in den Füller einziehen, ihn nur wie eine Schreibfeder eintauchen und nach Benutzung sorgfältig unter fließendem Wasser reinigen.
Wasserfest und von hoher Leuchtkraft sind die *Acrylfarben. ACP liquid acrylics*, moderne flüssige Acrylfarben von *Rotring*, kann man sogar mit einem Konverter in den *ArtPen* füllen.
Klassische Künstler-Acrylfarben in Tuben oder Flaschen sind von allen namhaften Künstlerfarben-Herstellern auf dem Markt. Sie werden mit Wasser verdünnt und lassen sich sogar mit Aquarell- und Temperafarben mischen.
Achtung! Acrylfarben trocknen sehr rasch. Deshalb die Schreibwerkzeuge in ein Wasserglas stellen, wenn man eine Pause macht. Nach der Arbeit unter fließendem Wasser auswaschen.

Die Stahl- oder Kanzleifeder
Im 19. Jahrhundert aus England kommend, löste die Stahl- und Kanzleifeder den Gänsekiel ab. Das Schreiben mit ihr verlangt viel Übung. Ein Zitat von Mörike: »Hol' der Teufel die Feder aus Stahl!« charakterisiert treffend ihre Problematik.

HALLO! ICH LIEBE DICH
DIE NEUE POSTLEITZAHL
55122 MAINZ
nicht vergessen !!!
Schon in einem Kritzelblatt liegt der grafische Reiz

Lockerungsübungen für die Hand

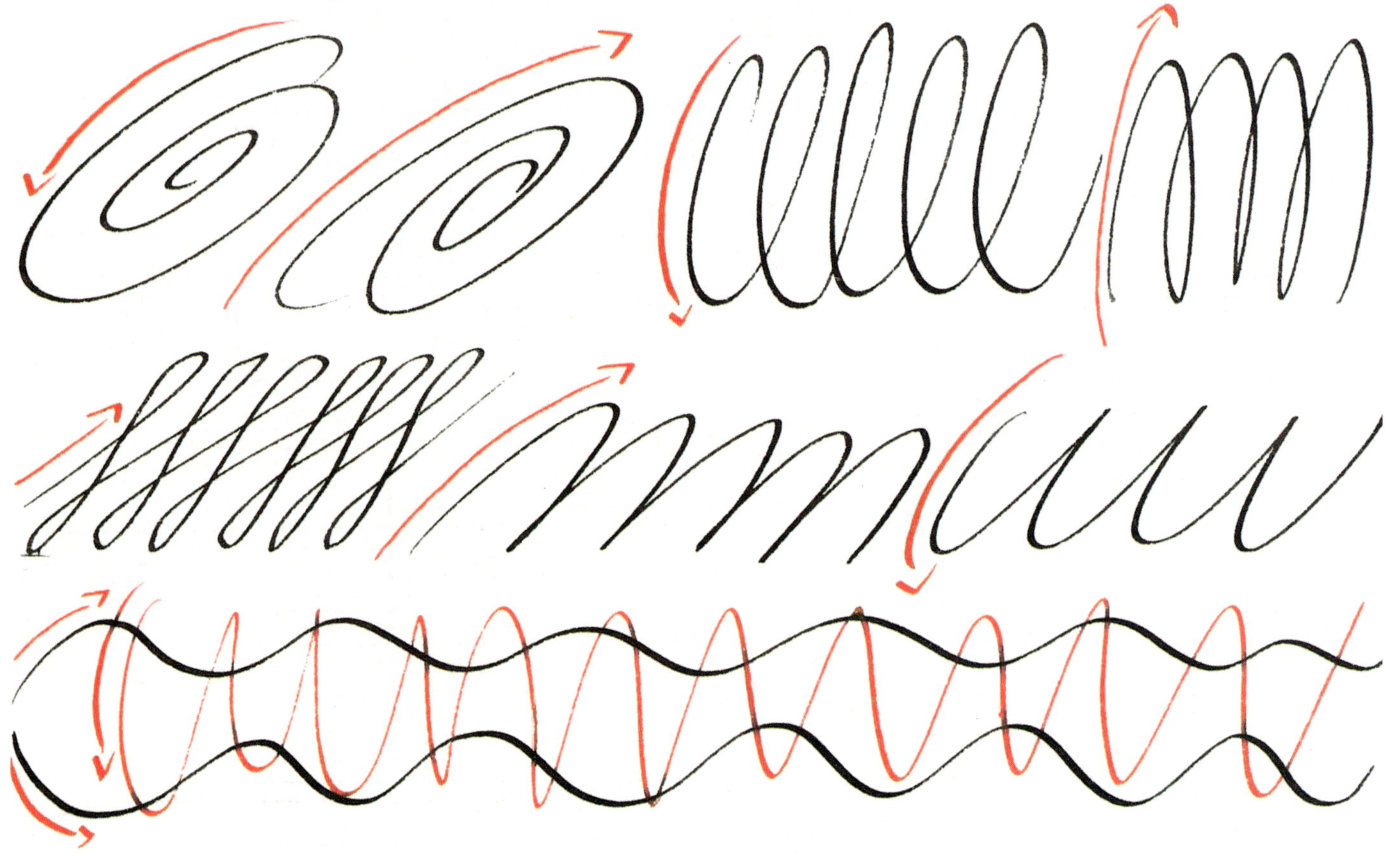

Das Schreiben ist ein mechanischer Vorgang, der aus bestimmten Bewegungsabläufen besteht. Die Grundzüge wiederholen sich beim Schreiben und weisen Gemeinsamkeiten auf. Es sind Kreisbewegungen, Bewegung und Gegenbewegung, von unten nach oben und von oben nach unten.

Bevor diese gezielt auf die Buchstaben des Alphabets angewandt werden, gilt es, sie als Einstieg spielerisch zu erfahren. Auch mit diesen einfachen und reduzierten Bausteinen der Schrift können graphische Bilder entstehen.

Wichtig ist bei den Übungen, daß alle Bewegungen locker, aus einer unverkrampften Körperhaltung heraus entstehen. Die Schreibzüge werden mit dem ganzen Arm aus der Schulter geführt, bei einer gleichzeitig geraden Haltung des Oberkörpers. Die Belastung darf nicht allein auf dem Oberkörper liegen. Der Schreibarm muß einen hinreichenden Spielraum haben, damit die Bewegungen schwungvoll ablaufen können.

Für diese Übungen eignet sich jedes Papier, auf dem großzügig gearbeitet werden kann, wie z. B. alte Tapeten, Makulatur-, Packpapier und vieles mehr. Das Schreibmaterial sollte weich sein, da die Striche ansonsten zu dünn geraten. Es empfiehlt sich, Kreide, Wachs- und Graphitstifte wie auch dicke Filzstifte zu verwenden.

Es ist den Versuch wert, sich einmal auf den Boden in den Schneidersitz oder in die Hocke zu setzen, wie es im asiatischen Kulturraum üblich ist, da hier der ganze Körper in den Schreibprozeß integriert wird. Das Schreiben kann so zur Körpersprache werden.

Meine Handschrift
Mit Schwung
Schrift
Sprache in Bildern

Rhythmus

1

2

3

4

5

6
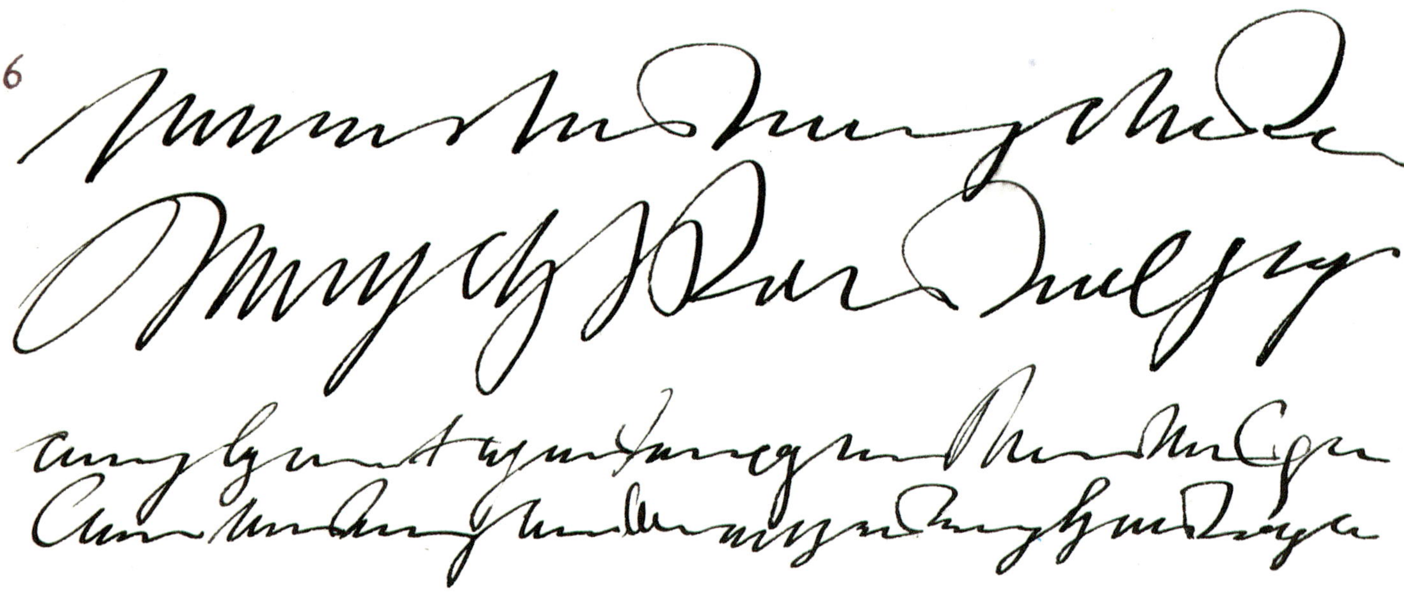

und Schreibbewegung

Der Füllfederhalter ist für viele ein ungewohntes Schreibwerkzeug. Er hat seine »Tücken« im Gegensatz zu Filzstift und Kugelschreiber, da die Feder sensibel auf Druck reagiert und der Schreibfluß nicht regelmäßig ist.
Durch die natürliche Schreibbewegung ergibt sich, daß der Anstrich eines Buchstabens immer dünner und leichter, der Abstrich hingegen fetter ist. Hierbei paßt sich der Druck dem »Auf« und »Ab« der Schreibbewegung jeweils an.
Aus der Wiederholung eines bestimmten Formelements – siehe oben – und durch die Aneinanderreihung entsteht eine gleichmäßige rhythmische Bewegung. Erst die Sicherheit der Handbewegung führt zum Schreibrhythmus, der ein gleichmäßiges, ausgewogenes Schriftbild garantiert.

Die folgende Übung behandelt verschiedene Grundformen von Schreibzügen, die in »Schriftbändern« aneinander gereiht werden sollen.

Zeile 1: Nach einem großen An- und Abstrich folgen mehrere kleine Elemente gleicher Art. Die Schreibbewegung ist spitz und zackig.

Zeile 2: Die gleiche Schreibbewegung, klein angefangen, etwas aufgelockerter, geht über in ein y, um einen zügigen Schwung nach unten zu trainieren.

Zeile 3: Die Bewegung beginnt wie in Zeile 2 und läuft am Ende der Übung in ein großes G. Bei diesem Buchstaben wird ebenfalls ein runder Zug zuerst nach rechts und dann nach links gesetzt.

Zeile 4: Der Schwung wird von oben nach unten geführt und geht über in die Schreibbewegung.

Zeile 5: Die gleiche Übung, nur daß der Schwung diesmal von unten nach oben läuft.

Zeile 6: Hier werden die Elemente frei kombiniert. Sie müssen in tänzerisch-rhythmischer Bewegung entstehen.

Üben auf

Meine

RÄTSEL

gerade und geschmeidig im Geschäft,
Glänzende Erscheinung
mit einnehmender Sanftheit
Verbinde in nötiger Festigkeit.
Doch jeder meiner Schritte
Ist von Schwärze gekennzeichnet.

Lieben

Ich bin mit meiner Handschrift zufrieden, weniger, gar nicht glücklich, aber irgendwie finde ich sie genial!

Packpapier
otizen
ABC
Handschrift
ts schreiben als
nicht schreiben

Das Verbinden der Kleinbuchstaben

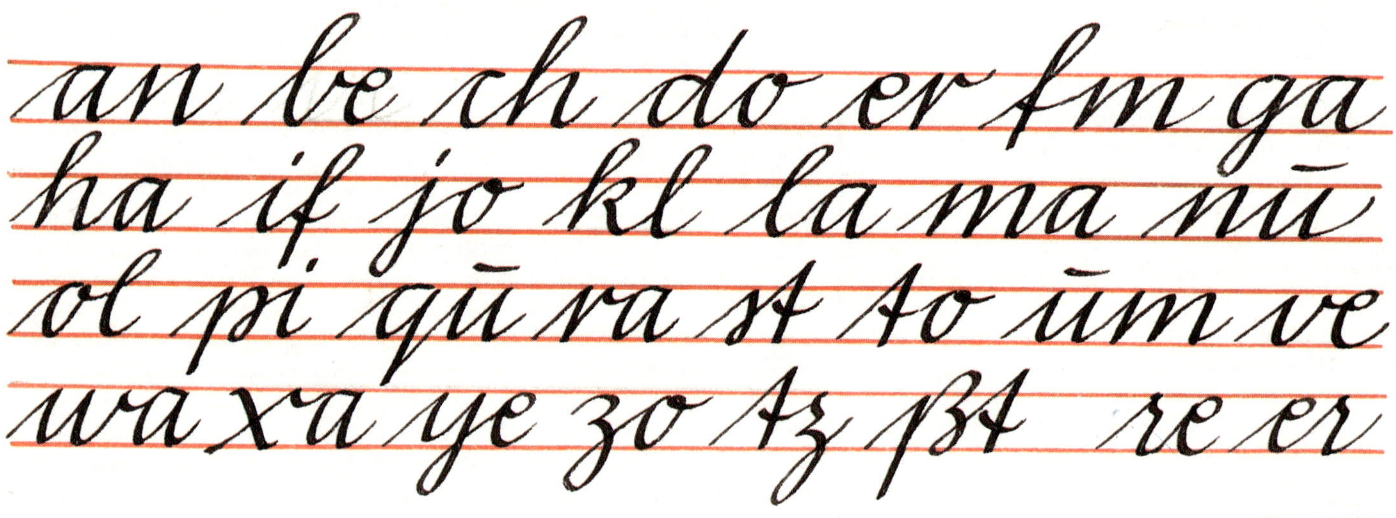

Nach den anfänglichen Lockerungs- und Schwungübungen kommen wir zu den Buchstaben des Alphabets.
Das Einüben von genormten Kleinbuchstaben ermöglicht es, die Schreibzüge im Laufe der Zeit umzugestalten, was je nach Temperament individuell verschieden sein kann.
Es ist wichtig, das Augenmerk auf die Ausformung der einzelnen Figuren zu legen. Bei schnellem und häufigem Schreiben ergeben sich die Verbindungen von selbst, und die Buchstaben fließen leicht aus der Feder.

Die Kleinbuchstaben füllen das Mittelband der Schriftzeile aus und bestimmen das ganze Schriftbild.
Wie schon erwähnt, ist das Schreiben eine motorische Fähigkeit. Unser Bewegungsgedächtnis reagiert auf Formstrukturen, was für den Schreibfluß und den Rhythmus von großer Bedeutung ist.
Es ist daher zunächst hilfreich, sich die Buchstabengruppen des Alphabets anzuschauen, da sich aus der jeweiligen Buchstabenform selbst schon eine Bewegungsrichtung ergibt.

Die Gruppen lassen sich nach der Ähnlichkeit des Schreibzuges zusammenfassen:

1 = m, n, r, u, v, w
2 = b, e, f, h, k, l
3 = i, j, y
4 = a, c, d, g, o, p, q
5 = s, t, st, ß , x, z

Angelehnt an die deutsche Schrift sind die Buchstaben »t« und »z«. Diese Schreibweise ist für das Verbinden einfacher.

1 wir mußten nicht
lange auf die Bahn
genügend Abstand zwischen den Zeilen

Unleserliche Buchstaben

2 dan dann
verfließende Endungen

3 nun nun
das n sieht aus wie das u

4 auc auch
unvollständige Buchstaben

5 matt matt
den t Strich nicht über die Mittellinie setzen

6 wir V mußten V nicht
zu großer Abstand zwischen den Wörtern

7 wir mußten nicht lange
ineinander verknäulte Buchstaben

Das »e« unterscheidet sich vom klassischen »e« der lateinischen Ausgangsschrift durch das Köpfchen. Der Anstrich wird bis an die Oberlinie des Mittelbandes geführt, rückwärts in eine Kugelform und dann abwärts in die Rundung eingezogen. Der Anstrich des Kleinbuchstabens hilft, den Buchstaben zu bilden und die Verbindung zum nächsten herzustellen.

Alle Buchstaben eines Wortes sollten nach Möglichkeit miteinander verbunden sein, damit ein Schreibrhythmus entstehen kann und unnötige Brüche einen flüssigen Schreibstil nicht stören. Wird aber bei einer geübten Handschrift abgesetzt und neu begonnen, ist das auch nicht von Nachteil.

Beim Verbinden der Kleinbuchstaben ist besonders auf die Lesbarkeit zu achten. Daraus ergibt sich für unsere moderne, schnellere Schreibweise eine stärkere Konzentration auf die Buchstaben, die sich im Mittelband bewegen.

Gerade bei schnellem Schreibtempo (2) kann es passieren, daß die Endungen verfließen oder der letzte Buchstabe eines Wortes unvollständig bleibt (4).
Auch können manche Buchstaben leicht miteinander verwechselt werden, wie z.B. n mit dem u (3).

Für ein ausgewogenes Schriftbild sollten die t-Striche nicht über dem Mittelband stehen (5); wichtig ist auch, daß der Abstand zwischen den einzelnen Worten nicht zu groß ist (6) und die Buchstaben innerhalb eines Wortes nicht ineinander verknault werden (7).

Der Satz »Wir mußten nicht lange auf die Bahn ... warten« (1) macht deutlich, daß genügend Raum für Ober- und Unterlängen da sein muß, damit das Schriftbild übersichtlich bleibt.

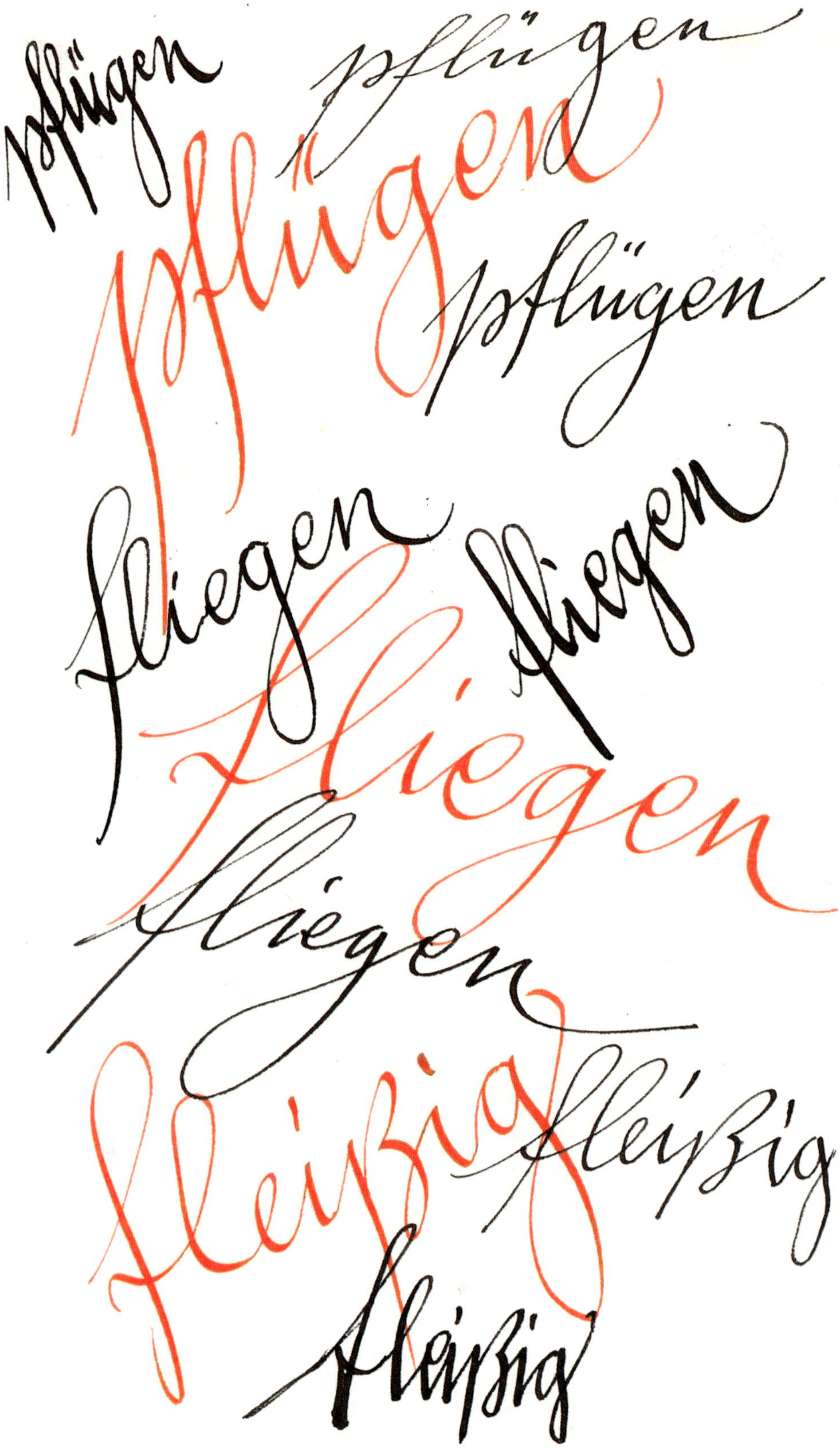

Jeder muß für sich prüfen, ob seine Handschrift einen großen oder kleinen Abstand zwischen den Zeilen benötigt, damit sie gut lesbar ist. Näheres dazu können Sie auf der folgenden Seite über »Die Lesbarkeit der Schrift« erfahren.
Eine Schriftzeile gliedert sich durch das »Vierliniensystem« in drei Teile. Ausgehend von der Grundlinie wird das Mittelband auch »n-Höhe« genannt. Die Linie über und unter dem Mittelband ist jeweils für die Ober- und Unterlänge vorgesehen. Die Buchstaben G oder das kleine f beanspruchen alle vier Linien, sowohl die Ober- wie die Unterlänge.

Jeden Buchstaben kann man so beschreiben, für die Handschrift eröffnen sich Spielräume für eine künstlerische Gestaltung.

Ein längeres Textstück ist ein Ganzes, dem sich das Detail einer Buchstabenform unterordnet. Es wirkt als Schriftbild.

Nimmt man hingegen den Schriftzug »Einladung« oder »Wir heiraten«, rücken diese ein oder zwei Wörter optisch in den Mittelpunkt und fallen mehr ins Gewicht. Jedes Wort ist hier noch stärker als bei einem Lauftext für sich genommen eine gestaltete Einheit.

Der Reiz besteht darin, mit der Grundform des Buchstabens zu spielen, indem man die Elemente – Oberlänge/Unterlänge – variiert und als graphisches Mittel einsetzt.

Besonders der Anfang und das Ende eines Wortes fallen ins Auge. Es bietet sich daher an, je nach Lust und Temperament des Schreibers, mit einem schwungvollen Anfangsbuchstaben zu beginnen und gleichfalls schwungvoll zu enden.

Oberlängen

Unterlängen

Die Freude
am Schreiben
und Gestalten
wächst, wenn die
Scheu vor dem
ungewohnten

Schreiben und Gestalten

Die Lesbarkeit der Schrift wird grundsätzlich durch einfache prägnante Buchstabenformen gefördert. Außerdem muß jeder Buchstabe so geformt sein, daß er innerhalb des Alphabets mit keinem anderen verwechselt werden kann. Wichtig ist, die Buchstaben miteinander zu verbinden. Die Abstände zwischen den einzelnen Wörtern dürfen nicht zu groß sein. Große Schrift braucht wenig Durchschuß zwischen den Zeilen. Bei kleiner Schrift verhält es sich genau umgekehrt.

Die Lesbarkeit der Schrift wird grundsätzlich durch einfache prägnante Buchstaben gefördert. Außerdem muß jeder Buchstabe so geformt sein, daß er innerhalb des Alphabets mit keinem anderen verwechselt werden kann. Wichtig ist, die Buchstaben miteinander zu verbinden. Die Abstände zwischen den einzelnen Wörtern dürfen nicht zu groß sein. Große Schrift braucht wenig Durchschuß zwischen den Zeilen. Genau umgekehrt verhält es sich bei kleiner Schrift.

SPIELEN MIT DEN KLEINBUCHSTABEN

1

2

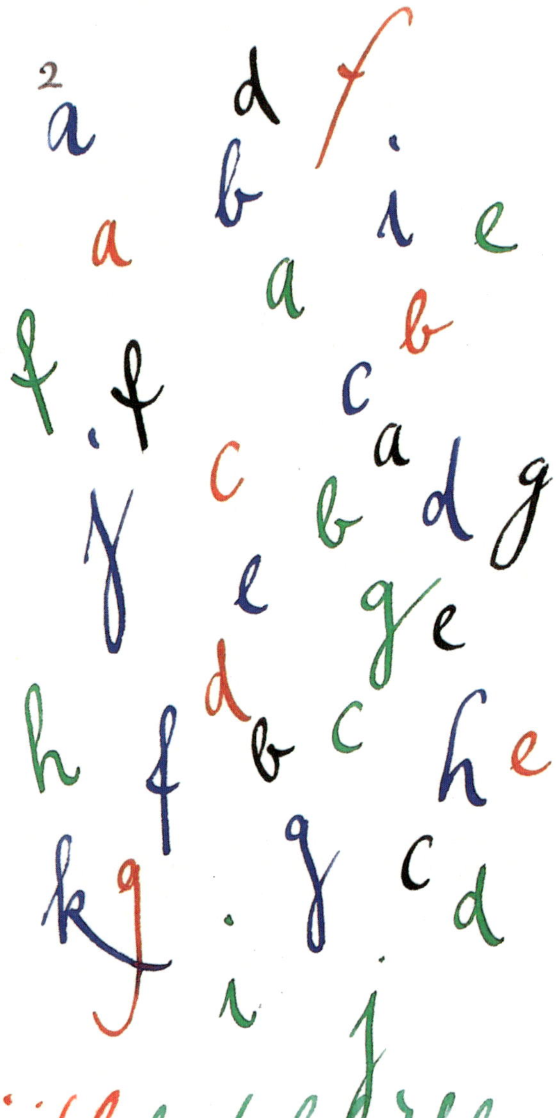

zu Bild 5:
Die eng aneinander gereihten Buchstaben knüpfen sich zu einem »Schriftteppich«.

5

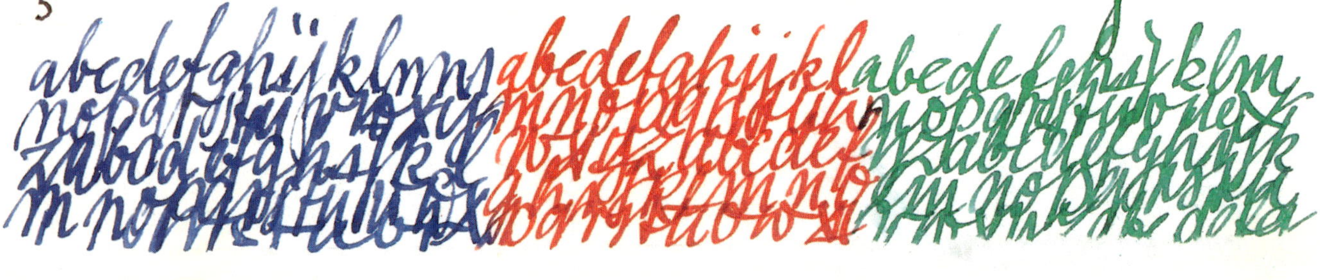

3

4

Schreiben macht Freude!
Mit nur wenigen Mitteln entstehen ganze Schriftbilder. Hierbei kommt es weniger auf den exakt gemalten Buchstaben an! Rasch und schwungvoll wird mit der Farbe und den Grundformen gespielt.

zu Bild 1 und 3:
Man beginnt, z.B. in der ersten Zeile mit roter Tinte zu schreiben, fährt in der zweiten Zeile mit violetter Farbe fort, wobei die erste Zeile noch feucht ist, so daß sich die Farben vermischen, wenn die Zeilen ineinander geschrieben werden.

zu Bild 4:
Ganz ähnlich ist hier das Verfahren. Zuerst werden die Großbuchstaben A B C untereinander gesetzt und die Kleinbuchstaben locker dazwischen geschrieben.

Die Großbuchstaben und ihre Verbindungen

Die Verbindung entsteht aus der Schreibbewegung

An Bi Cl Du Em Fa Ge

Ha In Jo Ku La Mi Nu

Qu Ra So Um Xa Ye Za

Die Verbindung ergibt sich aus dem Anstrich des Kleinbuchstaben

Oe Pi Tu Vo Wa

Die Verbindung von Groß- und Kleinbuchstaben stellt für den Schreibfluß eine besondere Schwierigkeit dar, weil nicht alle Großbuchstaben eine organische Verbindung zum folgenden Kleinbuchstaben haben. Diese Buchstaben sind O, P, T, V, W, und erst der Anstrich des Kleinbuchstabens stellt die Verbindung her. Ferner unterscheidet man zwischen Großbuchstaben, die aus dem Schwung der Unterlänge in den Lauftext einmünden, und denen, die von der Mitte aus zu den nächsten Buchstaben gezogen werden. Manche Buchstaben wie M, N, O, U, um nur einige zu nennen, bilden keine eigene Großform, sondern sind von den Kleinbuchstaben übernommen. Ihr Vorteil ist, daß sie beim Schreiben gut in der Laufrichtung liegen.

Das hier vorgestellte Alphabet lehnt sich an die klassische Vorlage der lateinischen Ausgangsschrift an, berücksichtigt aber eine der individuellen Handschrift schon angeglichene Schreibweise, denn isolierte Groß- und Druckbuchstaben führen zu einer Unterbrechung des Schreibrhythmus und stören somit empfindlich den Schreibduktus.

A	Alm	J	Jod	S	Stein
B	Bub	K	Kuß	T	Tod
C	Clara	L	Lob	U	Ulm
D	Dora	M	Mut	V	Vier
E	Ems	N	Nora	W	Wal
F	Filz	O	Otto	X	Xaver
G	Gans	P	Pol	Y	Year
H	Haus	Q	Qual	Z	Zorn
I	Ilse	R	Rom	D	Dieb

A B C D E F G
1 Zug 2 Züge 1 Zug 2 Züge 2 Züge 3 Züge 1 Zug
H I J K L M N
3 Züge 1 Zug 1 Zug 2 Züge 1 Zug 1 Zug 1 Zug
O P Q R S T U
1 Zug 2 Züge 2 Züge 2 Züge 1 Zug 2 Züge 1 Zug
V W X Y Z
1 Zug 1 Zug 2 Züge 1 Zug 1 Zug

Die Grundformen der eigenen Handschrift anpassen

Übung

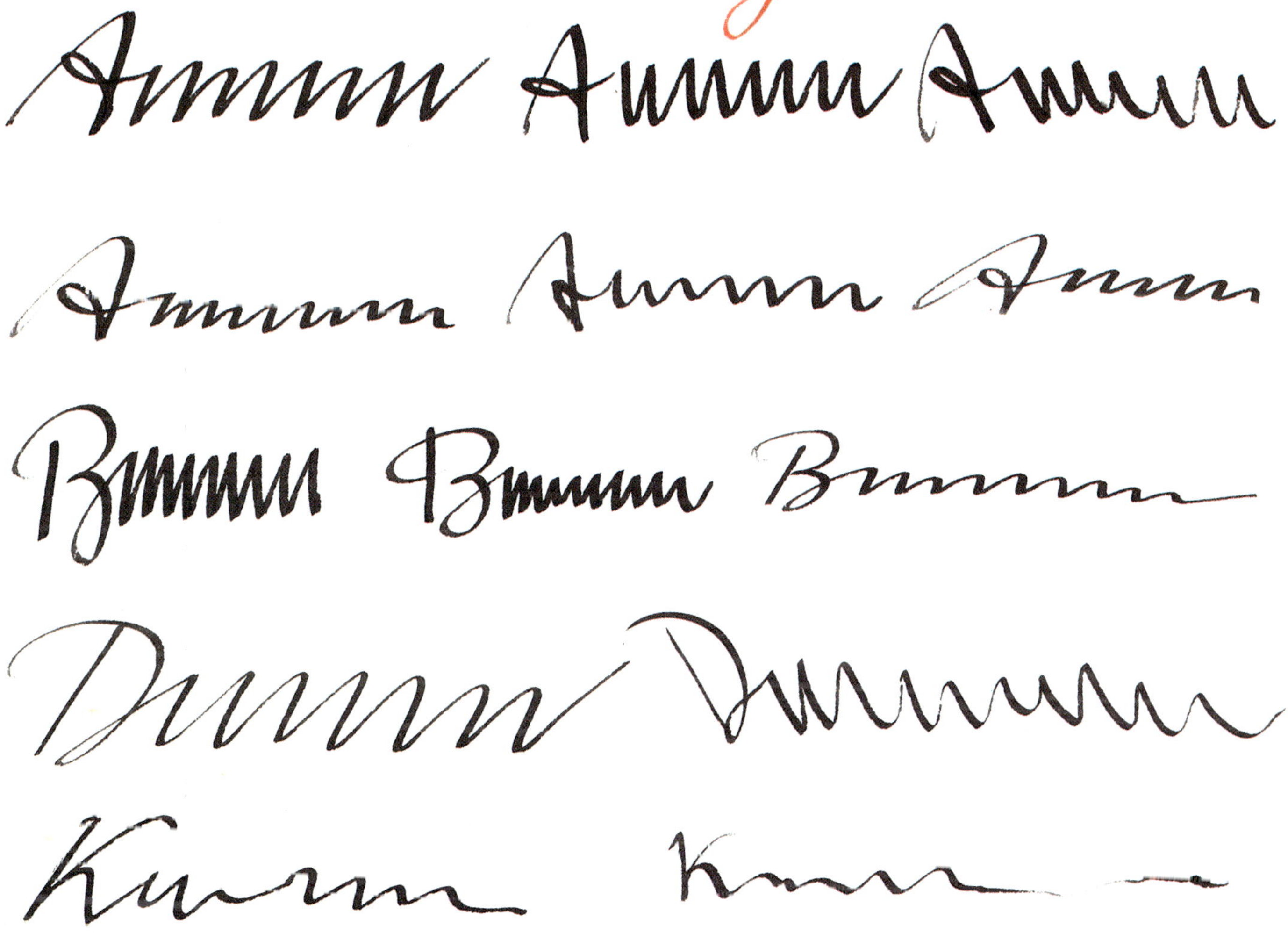

Bislang gingen die Übungen von den Grundformen des Alphabets aus. Es gilt jetzt, diese der eigenen Handschrift anzupassen, da jede Handschrift ihren eigenen Schreibduktus hat. Der kann eng oder weit, nach links oder rechts, steil oder flach angelegt sein.
Die folgende Übung verdeutlicht, daß der Schwerpunkt auf den Großbuchstaben liegt, aus denen sich die Laufrichtung der Kleinbuchstaben wie von selbst ergibt. Versuchen Sie, aus dem Anfangsbuchstaben Ihres Namens heraus zu Ihrem Schreibrhythmus zu finden.

Die Initialen

Initiale stehen als verzierte Großbuchstaben am Anfang eines Wortes oder Satzes. Abkürzungen von Namen als Signet auf der Visitenkarte, dem Briefkopf, in Büchern als Exlibris und Briefsiegel. Kurz, auf allem, was eine sehr persönliche Note tragen soll.

Monogramme sind ganz persönliche Zeichen. Ein Gegenstand, der mit Monogramm versehen ist, wird liebevoll als ein kostbares Eigentum gekennzeichnet, was nicht unbedingt von dem Materialwert abhängen muß. So finden sich Monogramme auf Schmuck und Bestecken eingraviert.
Zunächst werden die Anfangsbuchstaben einzeln geübt. Der Schriftzug (S. 38, oben links) veranschaulicht, wie das G in das noch nicht getrocknete M spontan mit etwas Mut und Schwung hineingeschrieben wird. Es empfiehlt sich, beim Üben zweifarbig zu arbeiten, damit durch den Farbkontrast die beiden Buchstaben nicht verschwimmen.
Bisher sprachen wir über die Verbindung von Groß- und Kleinbuchstaben. Daß auch Großbuchstaben miteinander verbunden werden können, zeigt *Bild 2* (oben). Die Verbindung von D und S wird aus der natürlichen Schreibbewegung heraus entwickelt.

In *Bild 3* stehen die Buchstaben B und R nebeneinander und sind durch den Schwung des »R-Kopfes« lose verbunden.

Bild 1 erinnert noch einmal an die Schwungübungen zu Anfang.
Zur Lockerung der Hand werden mit roter Tinte Bögen geschrieben und ein Gegenzug von rechts unten nach links oben mit schwarzer Tinte schwungvoll durchgezogen.

Endungen und Variationen:
Das vorgestellte Alphabet (Großbuchstaben S. 34 f., Kleinbuchstaben S. 32 f.) übernimmt aus der Deutschen Schrift das große D und das kleine r.
Nicht jeder Buchstabe am Ende eines Wortes eignet sich für einen beschwingten Abschluß. In der Regel gilt es, die Endungen von der Grundlinie in einem Bogen nach oben zu ziehen.

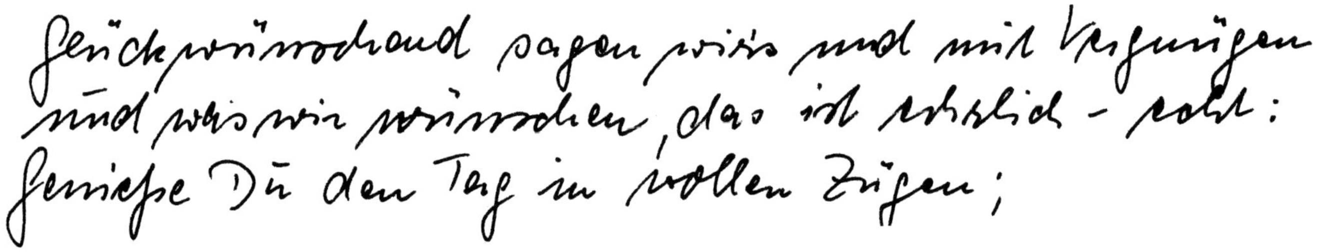

1

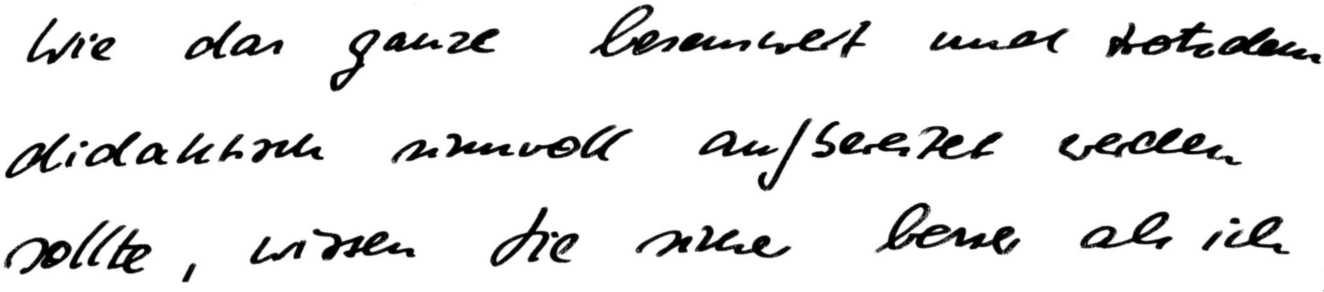

2

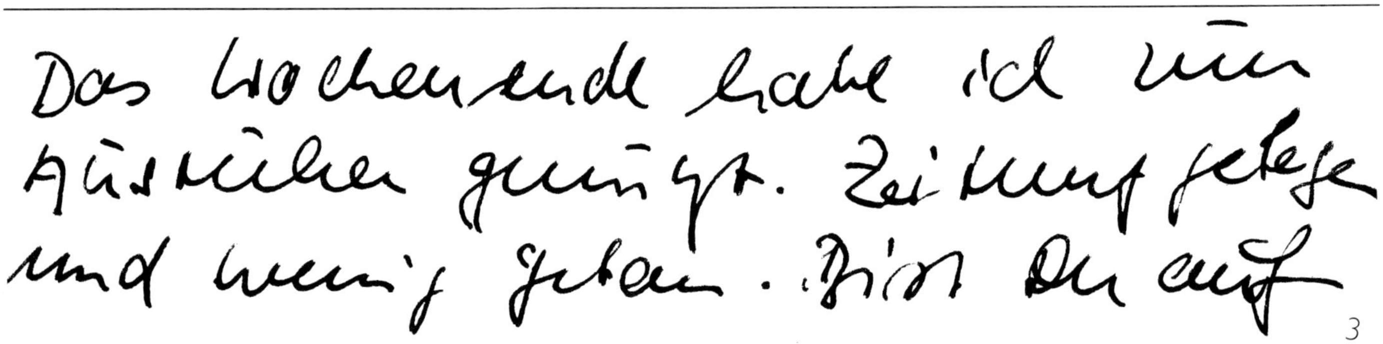

3

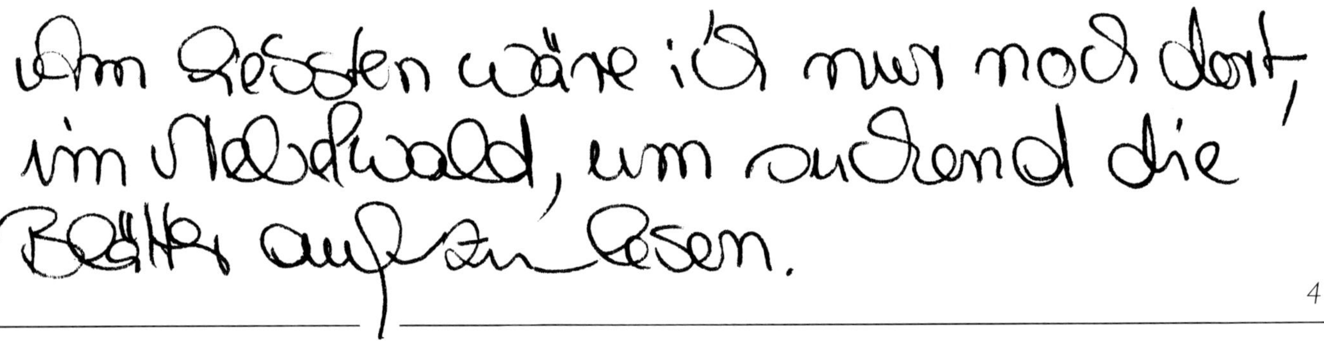

4

Diese Schriftproben sind natürlich nicht repräsentativ für die Vielfalt der individuellen Ausprägungen von Handschriften. Sie stellen einen Querschnitt dar – nicht nach ästhetischen Kriterien ausgesucht – und zeigen, wie unterschiedlich sich Personen in ihrer Schrift ausdrücken und unterscheiden, ausgehend von einer genormten Schulausgangsschrift. Es können hier nur einige, häufig auftretende Merkmale vorgestellt werden.

wegen der prächtigen Rhodod
sehe, wenn sie über und ü
tigen Blütentuffs in den

5

gelegt. Das beginnt bereits in
andere Hilfsmittel wie Telefon,
schine, Computer haben auch im

6

den täglichen Aufgaben, die ein
den Kunden erfordern. Er fühl

7

There was no good
for this hopeless fare
and I separated on

8

Auch bei Postkarten meiner Schwieg
Oma habe ich Schwierigkeiten dies

9

Nach den anfänglichen Übungen mit Lehrbü
ich nunmehr meine Schriftübungen in einem
Fachanleitung und Kommunikation fortsetze

10

1 Unternehmerin, 70 Jahre
– flüssiges Schriftbild, ausgeprägte Anstriche bei den Kleinbuchstaben. Auffallend die Mischung von gedruckten und geschriebenen Großbuchstaben.

2 Lektor, 40 Jahre
– großer Wortabstand, fließende, nach rechts laufende Schrift.

3 Grafikerin, 50 Jahre
– ausgeformte, dynamische, malerische Schrift.

4 Schülerin, 15 Jahre
– typische Handschrift eines jungen Mädchens, romantisch ausladend.

5 Hausfrau, 56 Jahre
– ein fließendes, ausgewogenes Schriftbild.

6 Rentner, 70 Jahre
– wie bei Schriftprobe 1 liegt hier die Deutsche Schrift als Ausgangsschrift zugrunde; kennzeichnend sind die Durchformung der Schrift und das Fehlen von Brüchen.

7 Sachbearbeiterin, 32 Jahre
– eine linksgestellte Schrift; die gedruckten Anfangsbuchstaben A und E fallen aus dem geordneten Schriftbild heraus.

8 Lehrer, Engländer, 45 Jahre
– großer Wortabstand; auffallend ist der betonte Anstrich der Kleinbuchstaben.

9 Bankkauffrau, 28 Jahre
– großer Wortabstand bei gleichzeitig engstehenden Kleinbuchstaben.

10 Bautechniker, 51 Jahre
– übersichtliches Schriftbild, die Buchstaben sind betont auf der Grundlinie gehalten, auffallend sind die fehlenden Schlaufen bei den Oberlängen.

Engel, eben erfahre ich, daß die
Post alle Tage abgeht - und ich muß
daher schließen, damit Du den
Brief gleich erhältst - sei ruhig,
nur durch ruhiges Beschauen unsres
Daseins können wir den Zweck zusam-
men zu leben, erreichen - sei ruhig -
liebe mich - heute - gestern - welche
Sehnsucht mit Tränen nach Dir -
Dir - Dir, mein Leben - mein Alles -
leb wohl - o liebe mich fort.
Verkenne nie das treuste Herz Deines
Geliebten - ewig Dein
ewig mein
ewig uns.

Lundi 26 Dec. 78

Monsieur

Je vous a promis à Mr. Brisban aujourdhui à diner. N'est il pas bien hardi de disposer de vous sans vostre permission? Mais, si je ne me trompe pas, je suis d'intilligence avec vostre inclination, et pour des affaires on n'en fait point de cas dans ces jours des festes. Au moins je ne dispose pas de vous que avec moi meme et nous courrerons le meme risque ensemble. Je viendray donc s'il vous plaist chez vous environ le midy pour vous amener au rendevous parceque ce n'est pas chez lui mais icy dans le fauxbourg que nous dinerons

Je suis

Monsieur

vostre tres humble serviteur

J Locke

Seite 42:
Ein Brief Beethovens an die »Unsterblich Geliebte«, 1806, Handschrift Christine Hartmann

Seite 43:
Handschrift von John Locke, englischer Philosoph, 1587. Beispiel einer Antiquakursive. Aus: Földes-Papp »Vom Felsbild zum Alphabet«, Stuttgart/Zürich (Belser) 1987

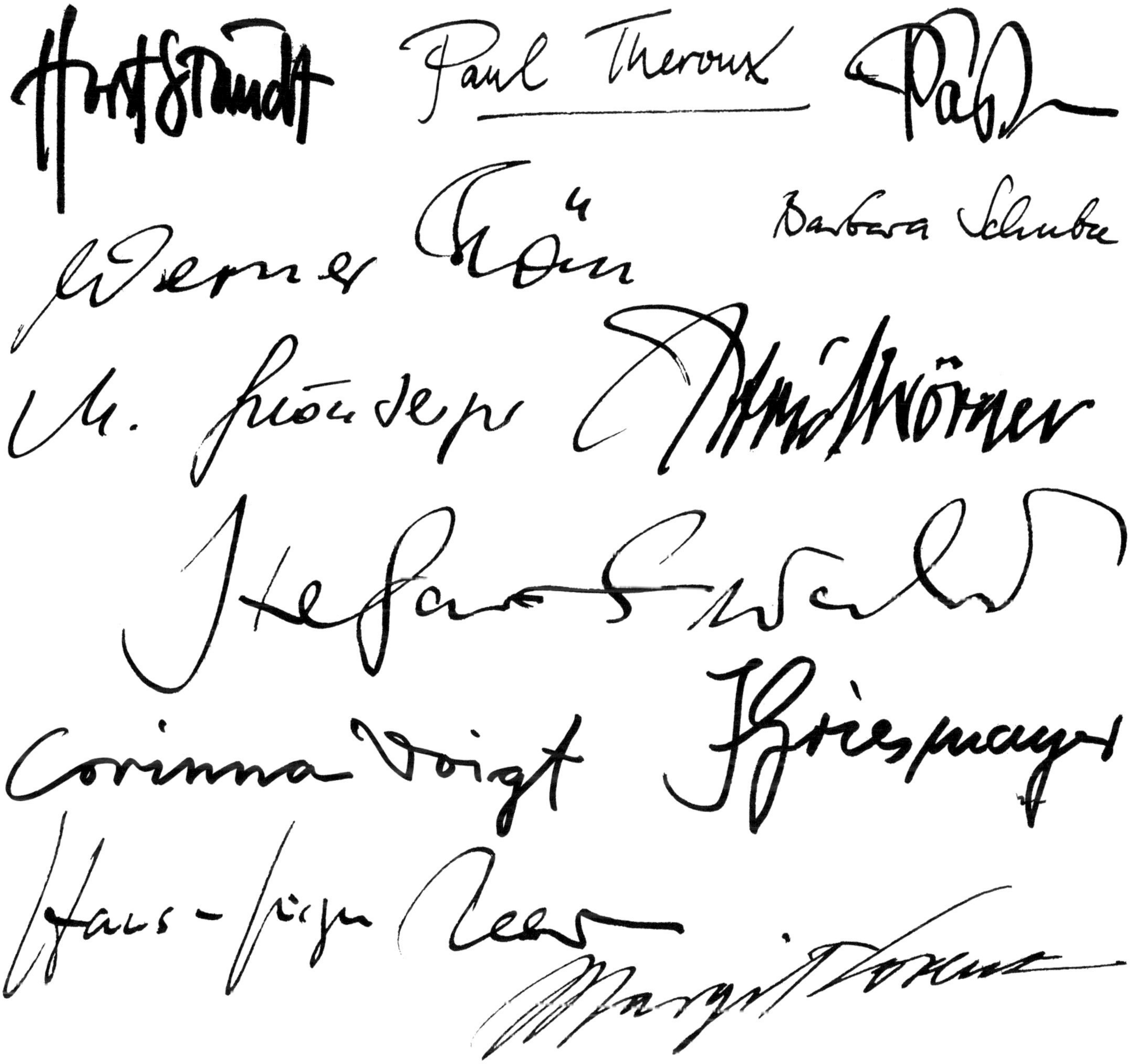

Kaum ein anderer Schriftzug wird im Leben so häufig ausgeführt wie der eigene Name.
Die Unterschrift ist ein Handzeichen oder Signum, das jeder Art von Dokumenten und Akten ihre Rechtsgültigkeit geben kann und daher immer unverzichtbar bleiben wird.

Eine Unterschrift muß nicht unbedingt lesbar sein, vielmehr nimmt sie im Laufe der Zeit oftmals eine stilisierte Form an.
Beim Sammeln der Unterschriften fiel mir auf, wie großzügig und phantasiebegabt sie unabhängig von Alter und Beruf des Schreibers ausfallen.

Ein Tip für alle, die ihre Unterschrift etwas verändern wollen:
Einen langen Namen dicht schreiben, den Vornamen abkürzen oder Vor- und Zuname »ineinanderschreiben«.
Fällt die Unterschrift zu klein aus, auf mehr Volumen mit einer breiten Feder trainieren.

Die Graphologie will in der Handschrift Persönlichkeitsmerkmale des Schreibers wiederfinden. Die wissenschaftlichen Grundlagen im deutschsprachigen Raum wurden insbesondere durch den Psychologen und Philosophen Ludwig Klages (1872–1956) gelegt. Die umfangreiche Literatur nennt nahezu zwanzig verschiedene Schriftmerkmale. Am Ende des Kapitels sind leicht lesbare einführende Werke aufgeführt.
Ein Hauptanliegen der Fachleute ist es nun, den Text in seiner Gesamtheit, gewissermaßen ganzheitlich zu beurteilen. Nahezu jedes Merkmal für sich genommen hat sowohl positive als auch negative Inhalte. Die Mehrdeutigkeit gilt es, im Blick auf den Gesamteindruck oder, wie Ludwig Klages formulierte, »das Formniveau der Textprobe« aufzulösen. Dazu bedarf es großer Erfahrung, zumal der Mensch sich im Laufe der Zeit ändert und damit auch seine Schrift.
Auch weiß der geübte Graphologe einzuordnen, ob der zu Beurteilende auf Grund seines Berufs (Akademiker, Handwerker) mehr oder weniger Übung im Umgang mit Schrift hat. Ferner sind die Eigenarten der Schrift eines Linkshänders zu berücksichtigen.
Auffallende Merkmale des folgenden Beispiels sind die Rechtsneigung in der Schriftlage sowie die ausgeprägten Ober- und Unterlängen. Die Schräglage kann u.a. Weltoffenheit, aber auch »dumpfe Getriebenheit« bedeuten. Stehen die Oberlängen für die Fähigkeit zu abstraktem Denken oder für einen eher blassen Intellekt? Im Falle von Johann Wolfgang von Goethe – von ihm stammt das Beispiel – sei das Urteil dem Leser überlassen.

Die verschiedenen Schreibgeräte erfreuen sich bei den Graphologen unterschiedlicher Wertschätzung. Während der Füller den individuellen Schreibduktus klar widerspiegelt und Wechsel in der Strichstärke offenbart, wird die Analyse beim Gebrauch von Blei- oder Filzstift erschwert. Das gilt ebenso für den Kugelschreiber, der immerhin noch gute Aufschlüsse bei Schwankungen in der Druckstärke bietet.
Nicht zu unterschätzen sind die Bedeutung von Schreibsituation und Schreibanlaß.
Vom handgeschriebenen Lebenslauf anläßlich einer Bewerbung weiß der Gutachter, daß er vermutlich mit besonderer Sorgfalt zu Papier gebracht wurde. Er ist weniger aussagekräftig. Der mit Sammlung und ohne Zeitnot verfaßte Brief an einen Freund oder Verwandten ist aussagekräftiger. Das gilt im Falle des Bewerbers eventuell auch für die Abschrift weniger Zeilen aus der Tageszeitung im Rahmen eines Vorstellungsgesprächs.
Grundsätzlich sind seitens des Graphologen Unbefangenheit und Spontaneität geschätzt. Freilich wird die eilig hingeworfene Telefonnotiz für den Eigenbedarf ein anderes Bild ergeben, als die im noch nüchternen Zustand am Swimmingpool verfaßten Urlaubsgrüße.

Zusatzaspekte sind bei der Betrachtung von Unterschriften heranzuziehen. Hier wird manchmal z.B. mit Zierelementen und Bereicherungen gearbeitet, die in der fortlaufenden Schrift nicht anzutreffen sind. Das Kriterium der Lesbarkeit, man denke an die gefürchteten Unterschriften von Ärzten, spielt oftmals eine untergeordnete Rolle.

Unverwechselbarkeit als Ausdruck der Individualität und nicht zuletzt erschwerte Fälschbarkeit erklären diese Sachverhalte. Insofern scheinen der

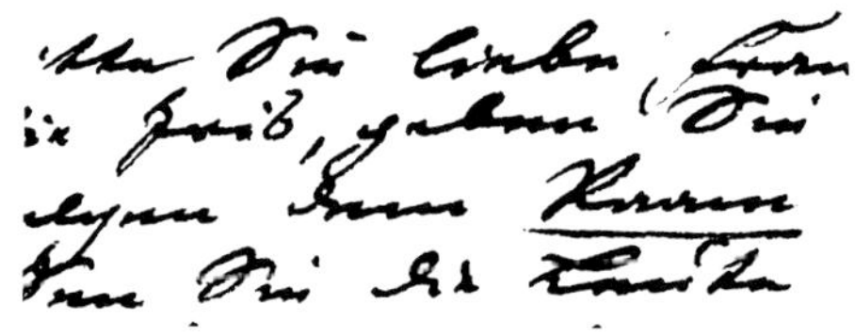

Auswertung von Unterschriften Grenzen gesetzt zu sein. Mehr Aufschluß kann hingegen die Veränderung oder Konstanz der Unterschrift in unterschiedlichen Lebensphasen bieten. Napoleon auf der Höhe seiner Macht und Napoleon in der Verbannung auf Elba – die beiden Signaturen sind ohne Mühe zuzuordnen.

Wo liegen nun die Anwendungsmöglichkeiten der Graphologie? In großer Breite kam sie früher bei der Personalauslese zum Zuge. Der handgeschriebene Lebenslauf gehörte für nahezu jeden Bewerber zum Standard. Neue Medien haben jedoch den Einsatz der Handschrift am Arbeitsplatz – auch und gerade in den Büroberufen – stark zurückgedrängt, so daß die Schriftprobe als Anhaltspunkt zumindest für Lesbarkeit und allgemeinen Ordnungssinn zunehmend verzichtbar wurde. Umfassende graphologische Gutachten – sie erfordern eine hohe Qualifikation, sind zeitaufwendig und somit nicht billig – dürften mehr und mehr nur noch bei der Besetzung von Führungspositionen erstellt werden. Paßt das Persönlichkeitsbild des Bewerbers zu der für ihn vorgesehenen Position: Belastbarkeit, Durchsetzungsvermögen, Loyalität gegenüber Mitarbeitern und Vorgesetzten sind hierbei zentrale Fragestellungen.
Die Verwendbarkeit der Graphologie ist damit jedoch nicht erschöpft. Auch für Zwecke der Kriminologie und im Bereich der Psychiatrie wird auf ihre Dienste zurückgegriffen; Gerichtsgutachten nicht zu vergessen.
Nicht zuletzt kann Graphologie zu einem anspruchsvollen Interessensgebiet werden. Angesichts einer allgemein nachlassenden Schreibtätigkeit

gewinnt der Sammler-Aspekt an Bedeutung. Darüberhinaus schult die geduldig geübte Auswertung die Menschenkenntnis. Immerhin sind Handschriften und Graphologie untrennbar miteinander verbunden.

Unterschriften Napoleon Bonapartes

Worauf achtet der Graphologe?
Wie bereits erwähnt, finden sich in der Literatur nahezu zwanzig Schriftmerkmale, die für Graphologen von Interesse sind. Kurz das wichtigste: Die Schriftgröße wird unter dem Aspekt der Willensentfaltung und des Selbstwertgefühls gedeutet.
Kleinbuchstaben ohne Ober- und Unterlängen (z.B. n, m, u) in einer Größe von mehr als drei Millimeter gelten als groß, weniger als zwei Millimeter als klein.
Stichworte zur großen Schrift sind: Aktivität, Schaffensfreude und Durchsetzungskraft einerseits, Angeberei und Übermut andererseits.
Kleine Schrift steht sowohl für Selbstbeherrschung, Zügelung und Wirklichkeitssinn als auch für Passivität, Kleinlichkeit und Minderwertigkeitsgefühl.

Die Längeneinteilung befaßt sich mit den berühmten Ober- und Unterlängen. Begeisterungsfähigkeit, Idealismus, aber auch Verlust an Wirklichkeitssinn und blasser Intellekt sind die möglichen Interpretationen für betonte Oberlängen. Mehrdeutigkeit wie Wirklichkeitssinn oder Schwerfälligkeit steht für betonte Unterlängen.
Auffällig eindeutig werden hingegen verkümmerte Oberlängen als Ausdruck für Mangel an Geistigkeit und Selbstgerechtigkeit – verkümmerte Unterlängen als Hinweis auf Triebschwäche und Wurzellosigkeit interpretiert.
Die Schriftlage gilt als Ausdruck des Umweltkontaktes. Starkes Engagement, Begeisterung und Kontaktsuche, Selbstaufgabe, Fanatismus, Unruhe und Hast spiegeln sich in einer sehr rechtsschrägen Schrift wider. Steilheit kann ein Symptom für Verhaltenheit und Selbstdisziplin einerseits, Unzulänglichkeit und Kühle andererseits sein. Die linksschräge Schrift verrat möglicherweise Distanziertheit, Lebensangst oder übertriebene Selbstkontrolle.
Kurz: Entscheidend ist der erste Eindruck, der das Charakteristische einer Schrift zeigt und auch den unbefangenen Laien oftmals treffsicher urteilen läßt. Die Gesamtbetrachtung steht also vor dem Detail!

Eine wahre Fundgrube für den Graphologen sind Autographensammlungen. Hierbei handelt es sich in der Regel um Handschriften berühmter Persönlichkeiten. So schrieb Maria Stuart in den letzten Stunden vor ihrer Hinrichtung einen Brief an den König von Frankreich. Er befindet sich heute in der National-Bibliothek von Schottland. Bei der graphologischen Auswertung von Handschriften dieser Art, verfaßt beispielsweise von Wissenschaftlern, Künstlern, gekrönten Häuptern, besteht allerdings eine Gefahr.
In Kenntnis vom öffentlichem Urteil über eine Person, ihre Taten, Erfolge und schöpferischen Werke unterliegt der Graphologe leicht Einflüssen, die seine Deutung beeinträchtigen können.

Literatur

Heinz Dirks:
Handschrift, Schlüssel zur Persönlichkeit, Deuten und Beurteilen. Mosaik Verlag, München. Sonderausgabe, Orbis Verlag, 1988

Charlotte Jäger, Richard Harder:
Was sagt uns die Handschrift? Praktische Einführung in die Graphologie, Herderbücherei (Bd. 1096), Verlag Herder, Freiburg im Breisgau, 1984

Hermann Jung:
Vom Sammeln handschriftlicher Kostbarkeiten, Ullstein Autographenbuch, Verlag Ullstein, Frankfurt am Main, Berlin, Wien 1971

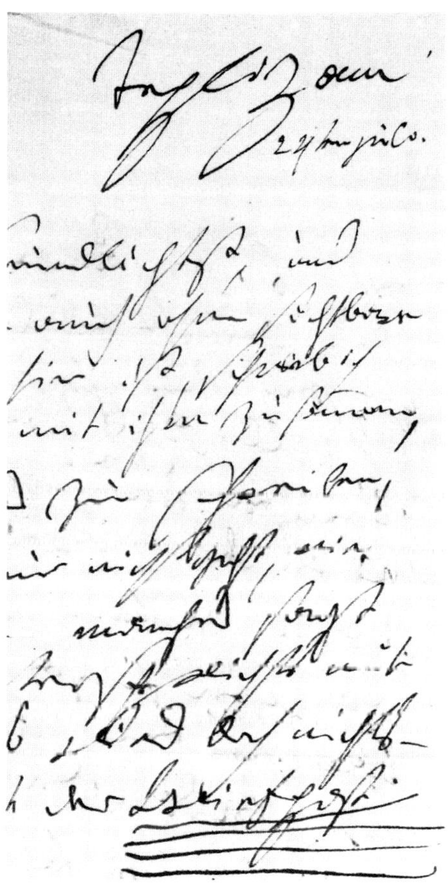

Ausschnitt eines Briefes von Ludwig van Beethoven 1812

Aquarellieren ist gar nicht so schwer wie es aussieht!

1

2

3

Es ist oft zu hören: »Ich bin nicht so begabt. Ich habe kein Talent dazu. Als Erwachsener kann ich das nicht mehr wagen«. Ein individueller Kartengruß kann schöner sein als ein teures Geschenk, insbesondere wenn man ihn selber gestaltet. Auf dieser Seite wird ein Schema vorgestellt, nach dem man ganz einfach aquarellieren kann.

Links oben:
Die drei Grundfarben sind Rot, Gelb und Blau. Diese untereinander gemischt, ergeben drei weitere Farben: Orange, Grün und Violett. Mehr Farben sind für ein Bild nicht nötig.

zu Bild 1
Man beginnt mit einer einfachen Bleistiftzeichnung, die nur die Linien des Motivs locker in der hier dargestellten Größe umreißt.

Um das Dach des Hauses wird ein mit Wasser verdünntes Blau gelegt, wobei die Sonne und die Strahlen ausgespart werden; die Farbe antrocknen lassen. Die Wiese und die Sonne werden mit ebenfalls verdünntem Gelb angelegt und diesmal der untere Teil des Hauses ausgespart.

zu Bild 2
Auf dem Gelb der Wiese werden in reinem Blau die Blumen angedeutet.

Steht Blau auf Gelb, erscheint ein grüner Ton. Die grüne Baumkrone ist eine Mischung aus Blau und Gelb. Der violette Farbton des Balkons, der Tür und des Baumstammes setzt sich aus Rot und Blau zusammen.

zu Bild 3
Wenn das Dach rot angelegt ist, kann man mit der überschüssigen Farbe durch Hinzugeben von Gelb das Orange für die Blüten mischen. Es empfiehlt sich, die Farben bis an die Umrisse der Zeichnung zu legen. Bleibt ein Hauch Weiß des Papiers stehen, ergibt sich ein Effekt, der typisch für das Aquarellieren ist.

Do it yourself

Sie können nun, wenn alles trocken ist, an manchen Stellen den Vorgang wiederholen: einen blauen Klecks in den Himmel und einen roten in das Dach setzen.

Farben gewinnen an Leuchtkraft, wenn die untere Farbschicht noch durchschimmert. Der Fachausdruck hierfür ist Lasurtechnik.
Wie wird die Farbe aufgetragen? Hier sind vor allen Dingen zwei Möglichkeiten zu unterscheiden. Die Farbe kann flächig und fließender angelegt werden, wie auf der Postkarte (S. 49) zu sehen ist, oder man arbeitet mit Pinsel und Farbe zeichnerisch, ja fast strichartig wie bei dem Blumenstrauß auf der rechten Seite.

Bei der ersten Verfahrensweise kommt es darauf an, den Pinsel mit Farbe gefüllt an einer Stelle anzusetzen und in die jeweilige Richtung zu ziehen. Die Farbe muß genügend mit Wasser verdünnt sein! Dabei sollte man nicht noch einmal über die schon gemalte Stelle ziehen, sondern lieber aufhören und an anderer Stelle neu beginnen.

Für die Pinselzeichnung auf dieser Seite ist charakteristisch, daß die einzelnen Formelemente sich nicht überschneiden, sondern lose zu einem Bild zusammengefügt werden. Der ganze Blumenstrauß besteht aus nur sechs Figuren, die man phantasievoll anordnen kann.

Anlässe gibt es viele, mit selbst entworfenen Karten oder Briefen eine besondere Freude zu machen.

Bei der Kombination von Schrift und Farbe ist unbedingt zu vermeiden, daß Tinte auf Aquarellfarbe ausläuft. Es gilt daher, die Farbe für die Schrift entweder auszusparen (siehe Postkarte S. 49) oder Aquarellfarbe aus der Tube mit Wasser zu verdünnen, um damit auf den farbig angelegten Grund zu schreiben.

Die hier vorgestellten Farben sind Kadmiumrot hell und Preußischblau. Außerdem wird Ultramarinblau, Karminrot (kaltes Rot oder Magenta) und Chromoxidgrün feurig vorgeschlagen. Aus Magenta oder Gelb läßt sich ein warmes Goldocker mischen.

Preußischblau und Gelb und Ultramarinblau und Gelb ergeben unterschiedliche Grüntöne.

Für erste Versuche reicht der Schulfarbkasten aus. Aquarellfarben können auch einzeln gekauft, und die Näpfchen in einen kleinen Kasten geklebt werden.

Neben Aquarellpapier arbeitet man sehr gut auf dickerem Briefbütten-Papier oder jedem hellen Papierkarton. Für den Anfang sollen diese Materialien genügen.

Das Schreiben und bewußte Umgehen mit der Schrift und das Einsetzen von Zeichnung und Farbe bilden hier eine Einheit. Jedes für sich erfordert ein gewisses Training.
Ein erster Übungsschritt:
Die Form 1, eine Blüte, oder die 5, ein Zweig, für sich genommen aufs Papier setzen und dazu ein Wort oder einen Glückwunsch schreiben.

Unser Motto:
Ganz klein anfangen! Es ist noch kein Meister vom Himmel gefallen.

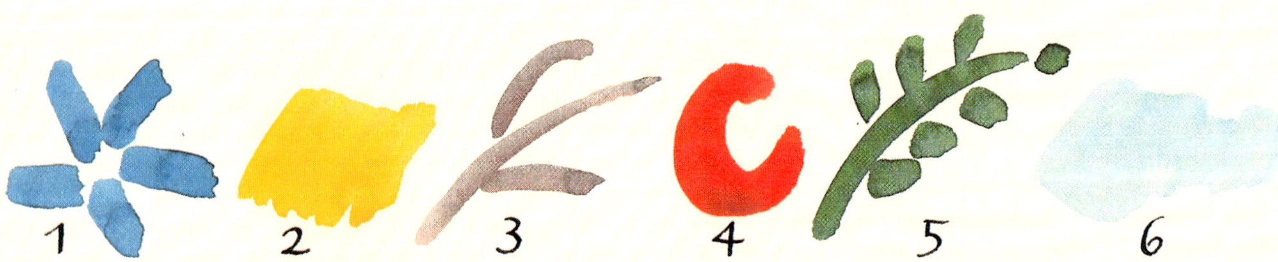

Wir
wünschen
Euch
Glück

Täglich begegnet uns in Zeitungen, Zeitschriften, bei der Briefkastenwerbung, auf Plakaten und Verpackungen Geschriebenes in vielfältiger Form und Farbe. Unbeachtet, oft auch ungelesen wandert es in den meisten Fällen direkt in die Mülltonne. Das ist schade!

In der Werbung hat Handschrift ein »Come back«. Schmissig hingeworfene Schriftzüge auf Parfüm-Flacons und Weinetiketten. Im Fernsehen der Werbespot »Das will ich sehn!«, »Schreib mal wieder!« – ein Werbeschriftzug der Post. Der Betrachter soll sich persönlich angesprochen fühlen.

Die fünfziger Jahre sind wieder »in«. Aufdrucke auf Schachteln, Dosen und Schildern aus dieser Zeit werden zu beliebten Sammlerobjekten.

Farbiges Holzklötzchen, am Meer gefunden, eine Geschenkidee für junge Leute

ATA-Verpackung aus vergangener Zeit – ein Sammelobjekt

Unser Auge, reizüberflutet, nimmt einzelne Bilder oftmals nur flüchtig wahr. Es lohnt sich daher diese Dinge einmal nicht in der gewohnten Sehweise, aus einem anderen Blickwinkel zu betrachten. Denn ein Detail für sich genommen, kann ein Gestaltungselement für eine andere, neue, persönliche und originelle Aussage werden.

Ein Ausschnitt, wie z.B. ein Buchstabe, ein Wort, ein Satz, eine Schleife, ein Farbklecks und vieles mehr, können mit der eigenen Handschrift verändert und neugestaltet werden.

Warum immer auf Papier schreiben? Gut eignen sich dazu auch Holz, Stein und sogar Stoff. Man spricht dann von der Sprache des Materials.

Ebenso läßt sich Ersatz für die gewohnten Schreibgeräte in der Natur finden, z.B. eine Vogelfeder, ein Stück Bambus etc. Sie werden überrascht sein, wie durch diese »Schreibwerkzeuge« neue Strukturen entstehen, die sehr viel mit anders sehen zu tun haben.

Immer wieder faszinierend wirken auf uns die Zeichnungen von Kindern in ihrer Naivität und Ungezwungenheit. Der Versuch, die Welt mit ihren Augen zu sehen, kann für uns Anregung sein, eingefahrene Bahnen zu durchbrechen und mit Mut und Spontaneität etwas Neues zu wagen. Ein Anfang in Richtung Kreativität.

Mit dieser Sicht der Dinge, wie ein großer zeitgenössischer Künstler sagte, »...kann jeder Kunst machen!«

Seite 54/55:
Claudias Brief, Handschrift Christine Hartmann

Entwurf für eine Liebeserklärung, Handschrift Christine Hartmann

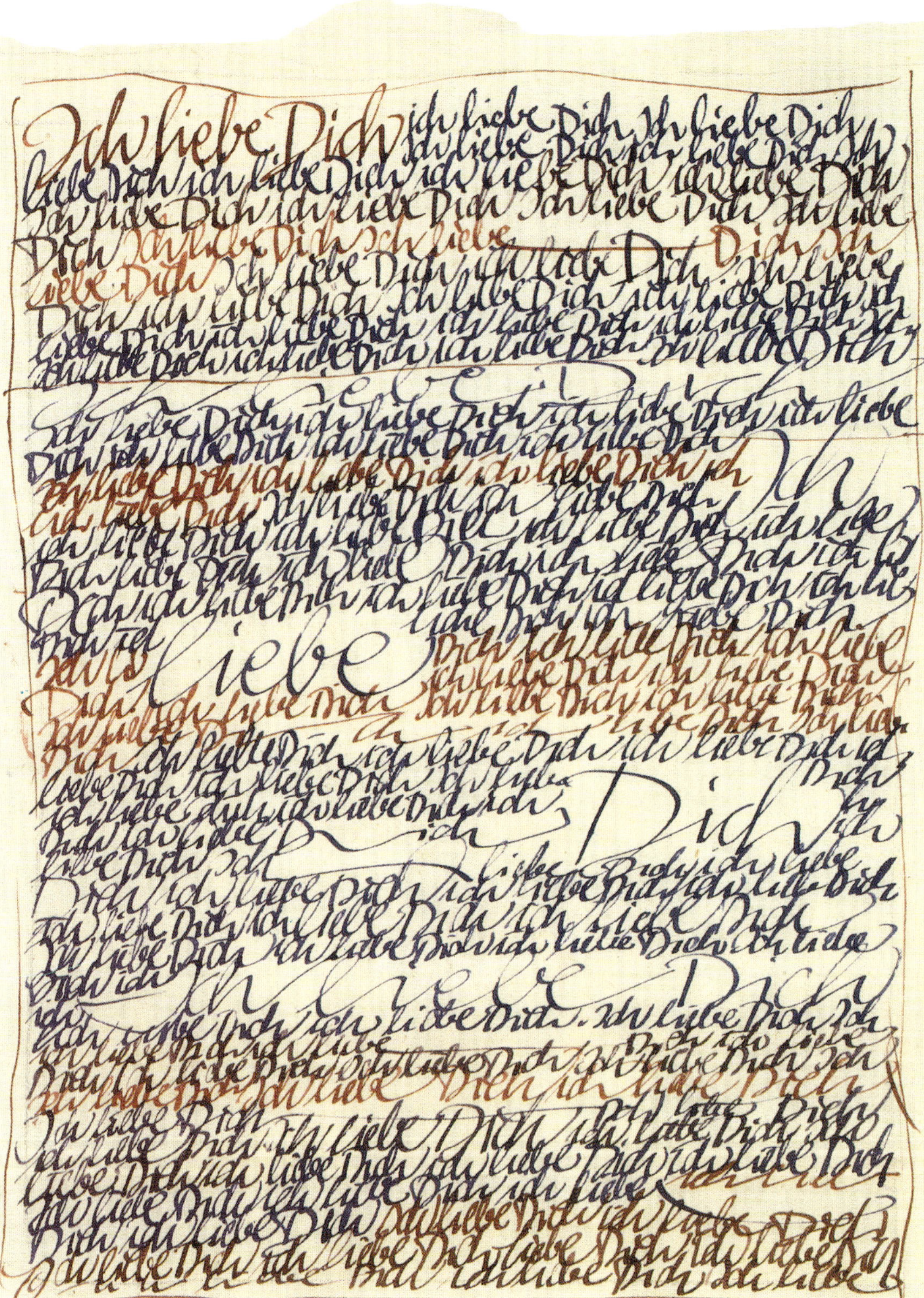
Ich liebe Dich

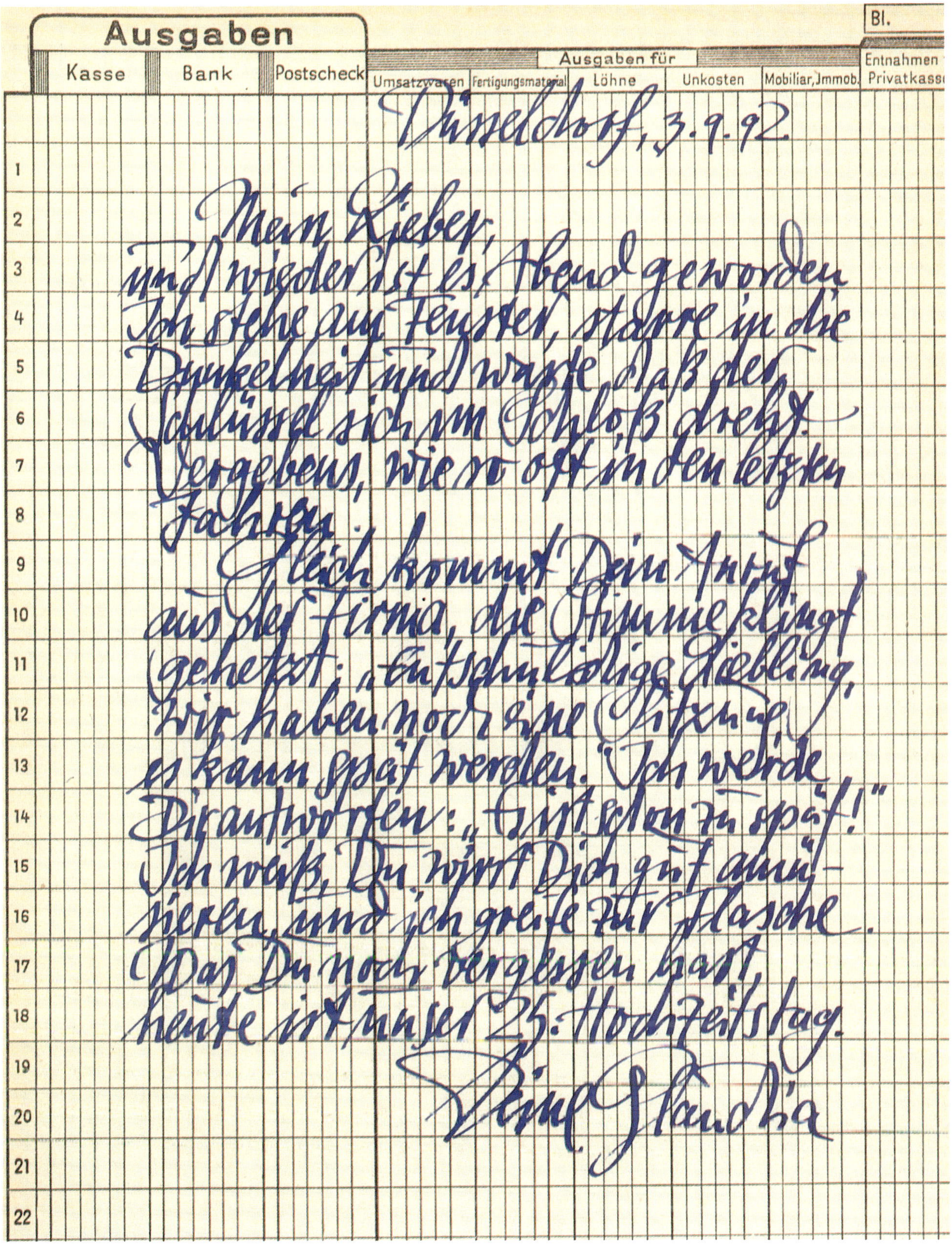

Düsseldorf, 3.9.92

Mein Lieber,
und wieder ist es Abend geworden.
Ich stehe am Fenster, starre in die
Dunkelheit und warte, daß der
Schlüssel sich im Schloß dreht.
Vergebens, wie so oft in den letzten
Jahren.
Gleich kommt Dein Anruf
aus der Firma, die Stimme klingt
gehetzt: „Entschuldige Liebling,
wir haben noch eine Sitzung,
es kann spät werden. Ich werde
Dir antworten: „Es ist schon zu spät!"
Ich weiß, Du wirst Dich gut amü-
sieren, und ich greife zur Flasche.
Was Du noch vergessen hast,
heute ist unser 25. Hochzeitstag.

Deine Claudia

Variationen mit Druckbuchstaben

A B C D E E F G H I J K L
M N O P Q R S T U V W
X Y Z

abcdefghijklmnopqrstuvwxyz

abcdefghijklmnopqrstuvwxyz ß

Alm Buch Chor Dorf Elch Fisch Geiz
Haus Insel Jäger Klaus Lanze Mars
Niete Orgel Pause Qual Riese Sucht
Tun Ulm Vogel Wald Xenie Yen Zar

Die Groß- und Kleinbuchstaben werden lose aneinander gesetzt und nicht miteinander verbunden. Der Abstand zwischen den Großbuchstaben und den sich anschließenden Kleinbuchstaben darf nicht zu groß sein.

Bei den schrägen Druckbuchstaben können die Endstriche von m n unter die Linie gezogen werden. Für beide Schrifttypen gilt, die Buchstaben eng aneinander zu stellen

Das hier vorgestellte Alphabet ist mit Filzstift geschrieben. Als eine Druck- und Blockschrift zeigt sie ähnliche Schreibzüge wie die lateinische Ausgangsschrift. Der Unterschied liegt darin, daß die Buchstaben nicht miteinander verbunden, sondern nur dicht aneinandergesetzt werden. Damit das Schriftbild einheitlich wird, sollten die Anfangsbuchstaben im Verhältnis zu den Kleinbuchstaben nicht zu groß sein und die Rundungen der Buchstaben oval.

Es gibt viele Gelegenheiten, für die der Filzstift sich besser eignet als der Tintenschreiber, z.B. beim Beschriften von Paketen, Plakaten, Taschen aus Stoff und Papier. Im Gegensatz zum Füller verändert der Filzstift auch durch Druck seine Strichstärke nicht. Es läßt sich flüssig und weich schreiben, egal ob steil oder schräg.

Mit dem Filzstift zu schreiben, hat weniger künstlerische als praktische Gründe. Es besteht aber immer die Gefahr, daß die Farben verblassen und durch die chemische Zusammensetzung der Tinte das Papier angegriffen wird. Für den ständigen Gebrauch ist der Filzstift nicht zu empfehlen, auch weil der verführerisch glatte Strich die Entwicklung einer markanten Handschrift eher verhindert.

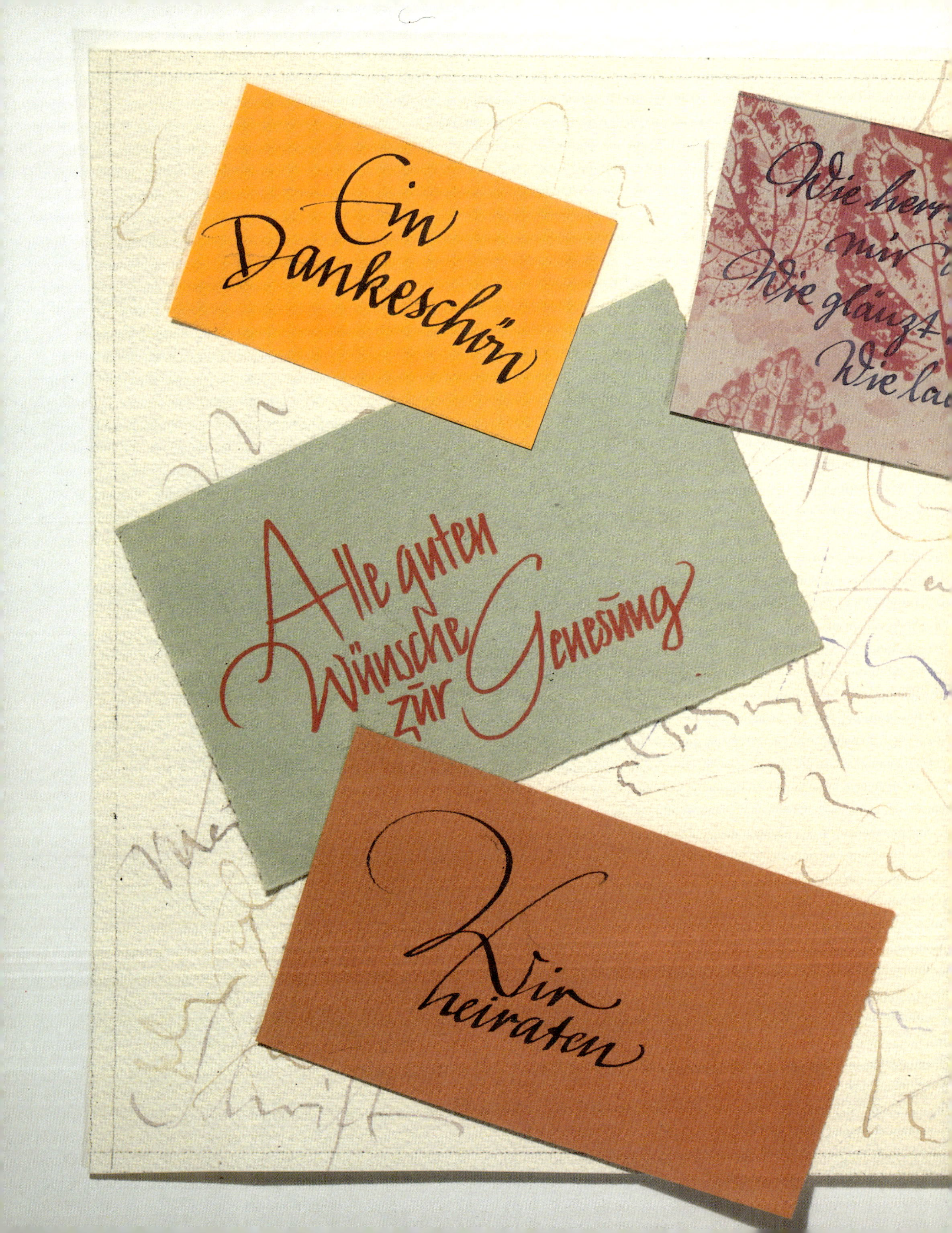
Ein Dankeschön
Wie herr
mir
Wie glänzt
Wie la
Alle guten Wünsche zur Genesung
Wir heiraten

h leuchtet
e Natur!
e Sonne!
t die Flur!
Goethe
Wir laden ein
Bitte die Einladung am Sonntag nicht vergessen
Herzliche Grüße

Frohe Weihnachten

Frohes Fest

Viel Glück

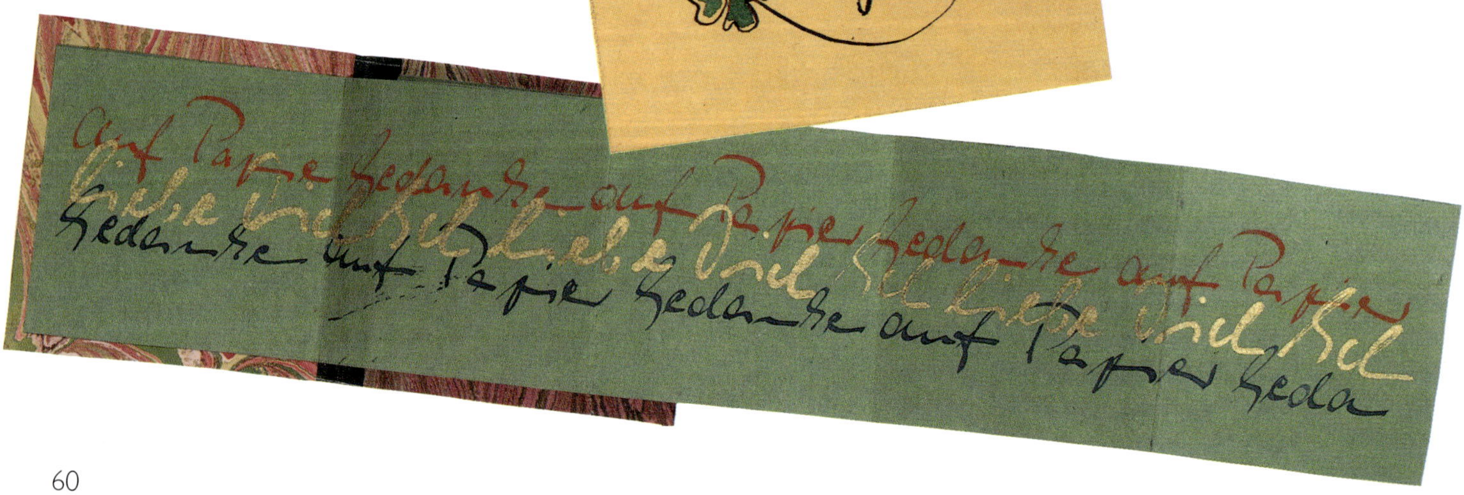

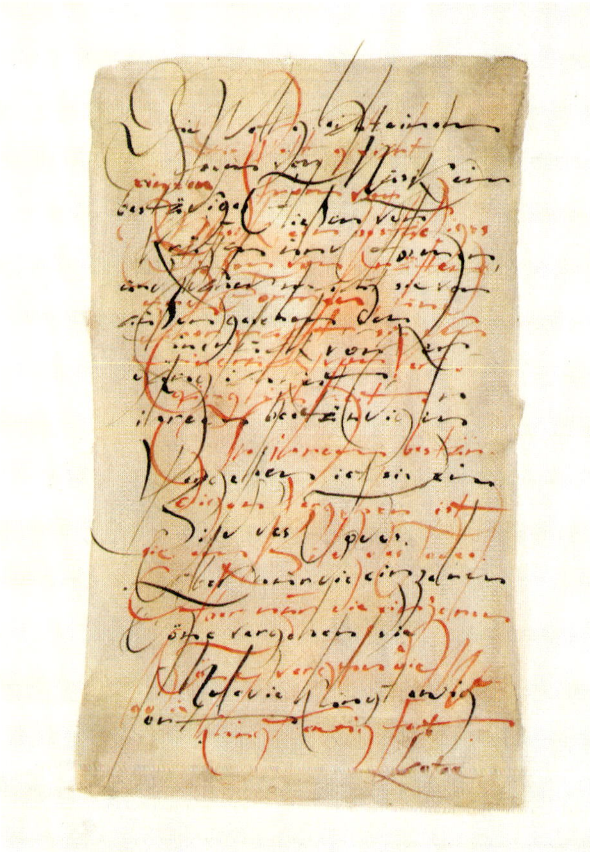

Seiten 58/59:
Die auf den Seiten 58f. vorgestellten, selbstgestalteten Karten sind mit dem Filzstift und *ArtPen* (Nr. 1,1 und 1,5) geschrieben. Die Papiere dürfen nicht zu kräftig im Farbton sein, da sich sonst die Tinte nicht genügend abheben kann. Das Gedicht von Goethe – auf ein gemustertes Papier geschrieben – eine Grußidee, die uns das eigene Texten erspart.

Diese Arbeiten sind in den Kalligraphiekursen der Offenbacher-Schreibwerkstatt entstanden. Sie sollen anregen, doch einmal selbst eine Gruß- oder Glückwunschkarte zu gestalten.

Linke Seite:
Der Weihnachtsbaum wurde mit grüner Tinte und dem *ArtPen* Nr. 1,1 und 1,5 geschrieben.

Weihnachts-Teddy mit dem Schriftzug »Frohes Fest«, gemalt von einer Linkshänderin. Zunächst mit angerührter schwarzer Aquarellfarbe gezeichnet und anschließend koloriert (ausgemalt).

Der Glückwunsch – mit einfachen Mitteln gestaltet! Es ist leicht, ein Kleeblatt oder auch andere Symbole zu finden, passend mit einem kleinen Spruch dazu.

Rechte Seite:
Oben: Schrift auf Aquarell: ein Aquarellgrund nicht zu dunkel mit einem kräftigen Farbton beschrieben.

Die Karte »Frohe Ostern« mit wenigen Pinselzügen, in zwei, drei Farben gemalt.

KLECKSOGRAPHIE

Das ist gar nicht so leicht, mit wenigen Mitteln eine Botschaft zu transportieren. Es kommt dabei nicht so sehr auf eine saubere, ordentliche Handschrift an, vielmehr darauf, sich von der Vorstellung zu lösen, daß die Schrift in der Zeile stehen muß.

Nicht gleich vor Schreck erstarren, wenn sich auf dem Papier ein Tintenklecks ausbreitet! Es gilt, aus der Not eine Tugend zu machen, den Klecks einzurahmen oder sogar noch einen dazuzusetzen! Ein Wort, einen ganzen Satz kann man einfach durchstreichen oder sogar mit dem Pinsel in einer anderen Farbe unterstreichen und weiterschreiben!

So können kleine »Mißgeschicke« auf dem Papier lustig als graphisches Element eingesetzt werden.

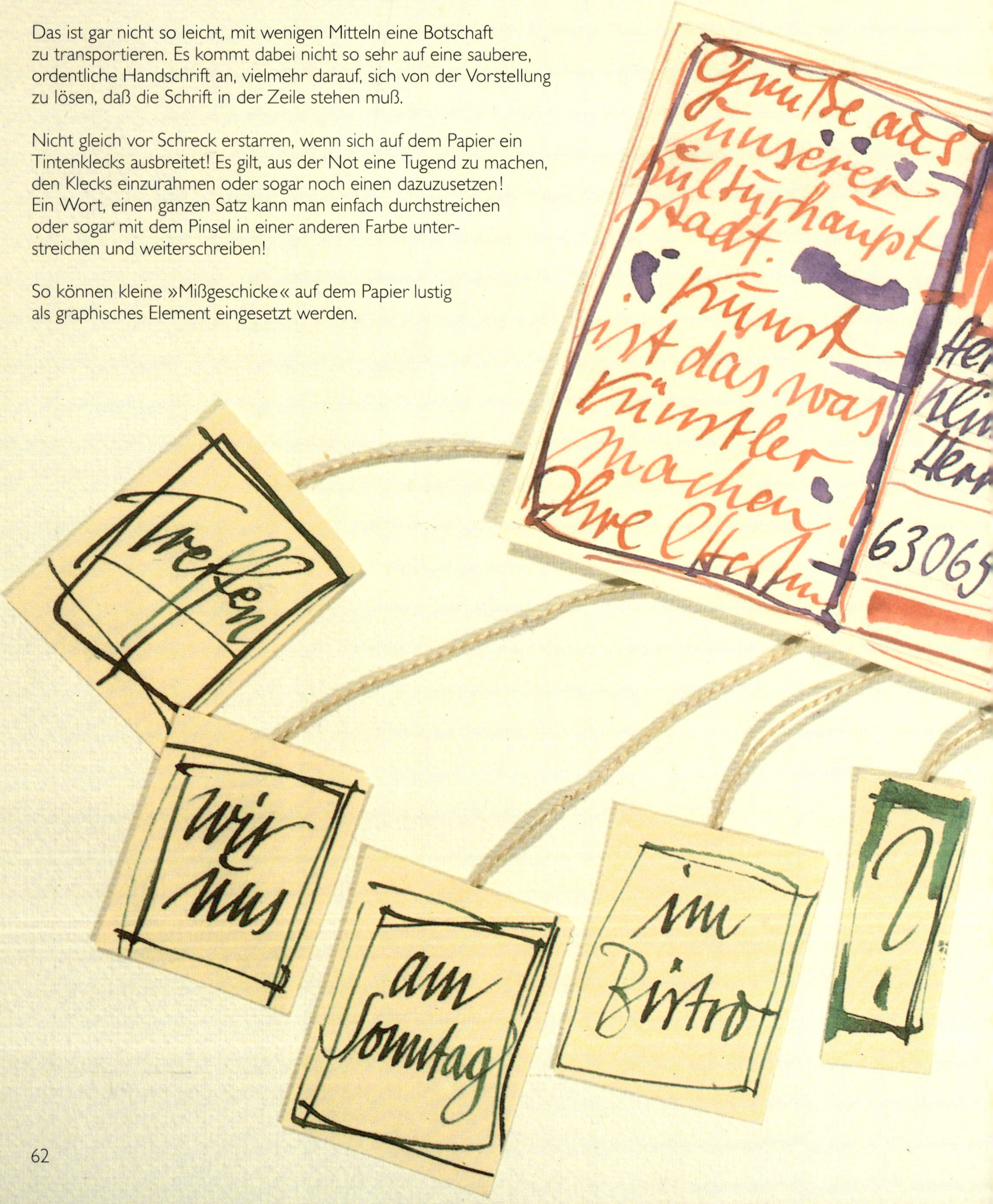

JOSEPH BEUYS
80
BERLIN 12
14.02.94-15
10623
EUROPA
DEUTSCHE BUNDESPOST
Christian Scheffler
Ich muß Dich sehen
Klecksographie
ゆうびんはがき

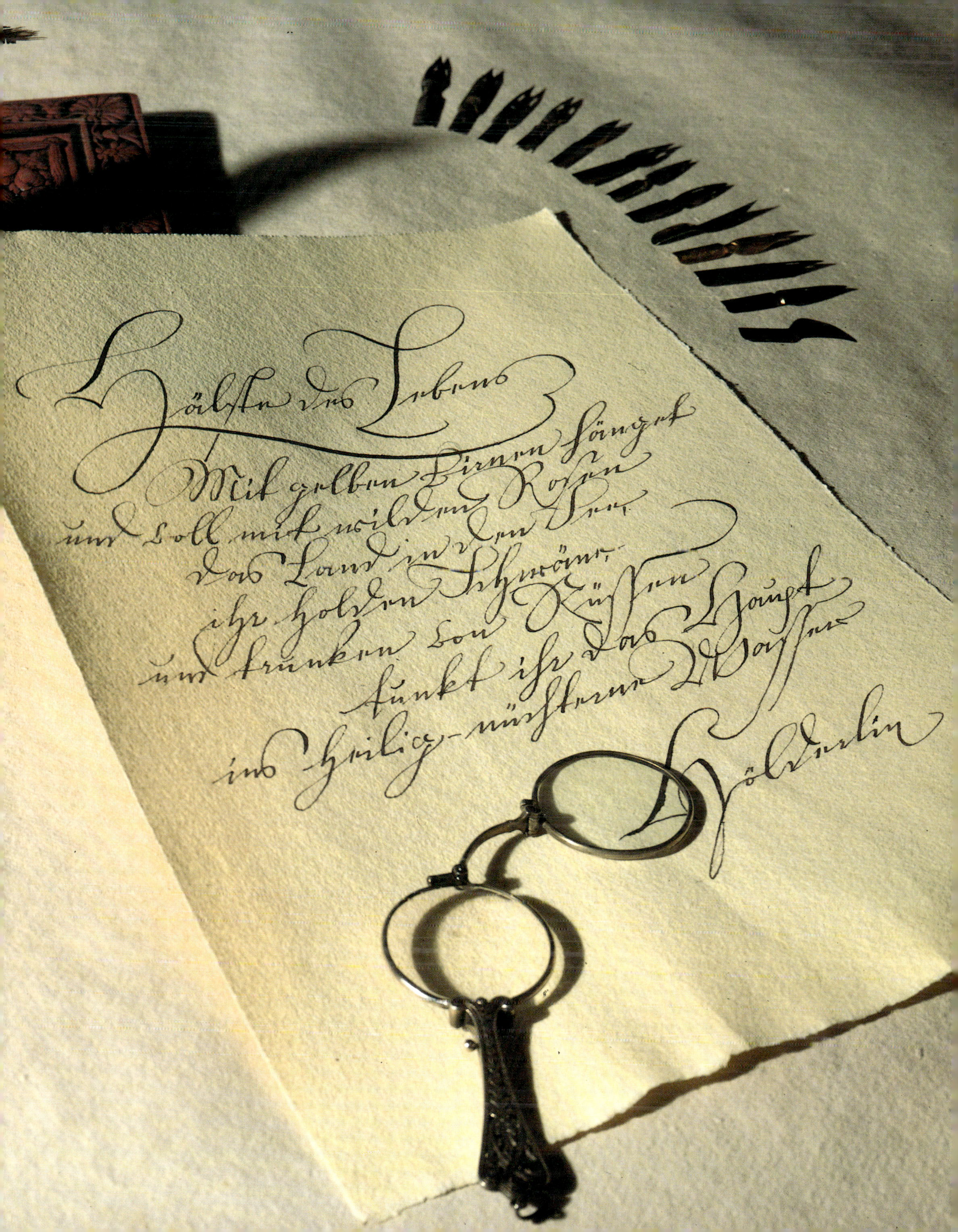
Hälfte des Lebens
Mit gelben Birnen hänget
und voll mit wilden Rosen
das Land in den See,
ihr holden Schwäne,
und trunken von Küssen
tunkt ihr das Haupt
ins heilig-nüchterne Wasser
Hölderlin

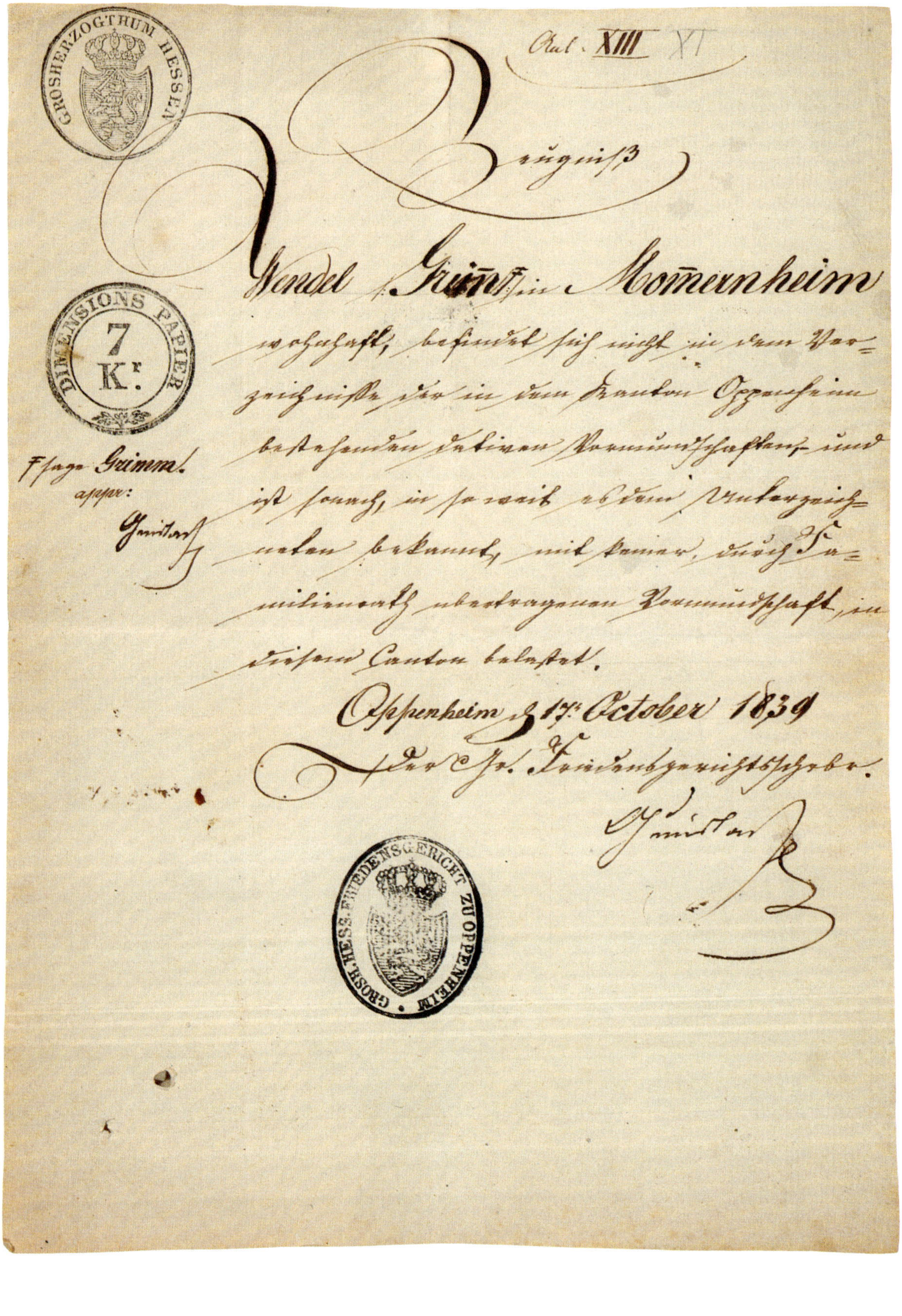

Zeugniß

Wendel Grimm zu Mommenheim wohnhaft, befindet sich nicht in dem Verzeichnisse der in dem Canton Oppenheim bestehenden activen Vormundschaften und ist demnach, so weit es dem Unterzeichneten bekannt, mit keiner, durch Familienrath übertragenen Vormundschaft, in diesem Canton belastet.

Oppenheim d 17. October 1839

Der Gr. Friedensgerichtsschreiber

Schmitt

Pflege Grimm.
exp:
Schmitt

Bemerkenswert bei dem Zeugnis auf der linken Seite ist, daß Name und Ort der Ausstellung in lateinischer, der Text aber in deutscher Schrift gehalten ist.

Bei der Postkarte oben steht der Ortsname »Heldenbergen« in lateinischer Schrift.

Auf die Karte unten mit den Jugendstilelementen aus dem Jahr 1914 hat der Verfasser in deutscher Schrift geschrieben was sich sehr harmonisch einfügt.

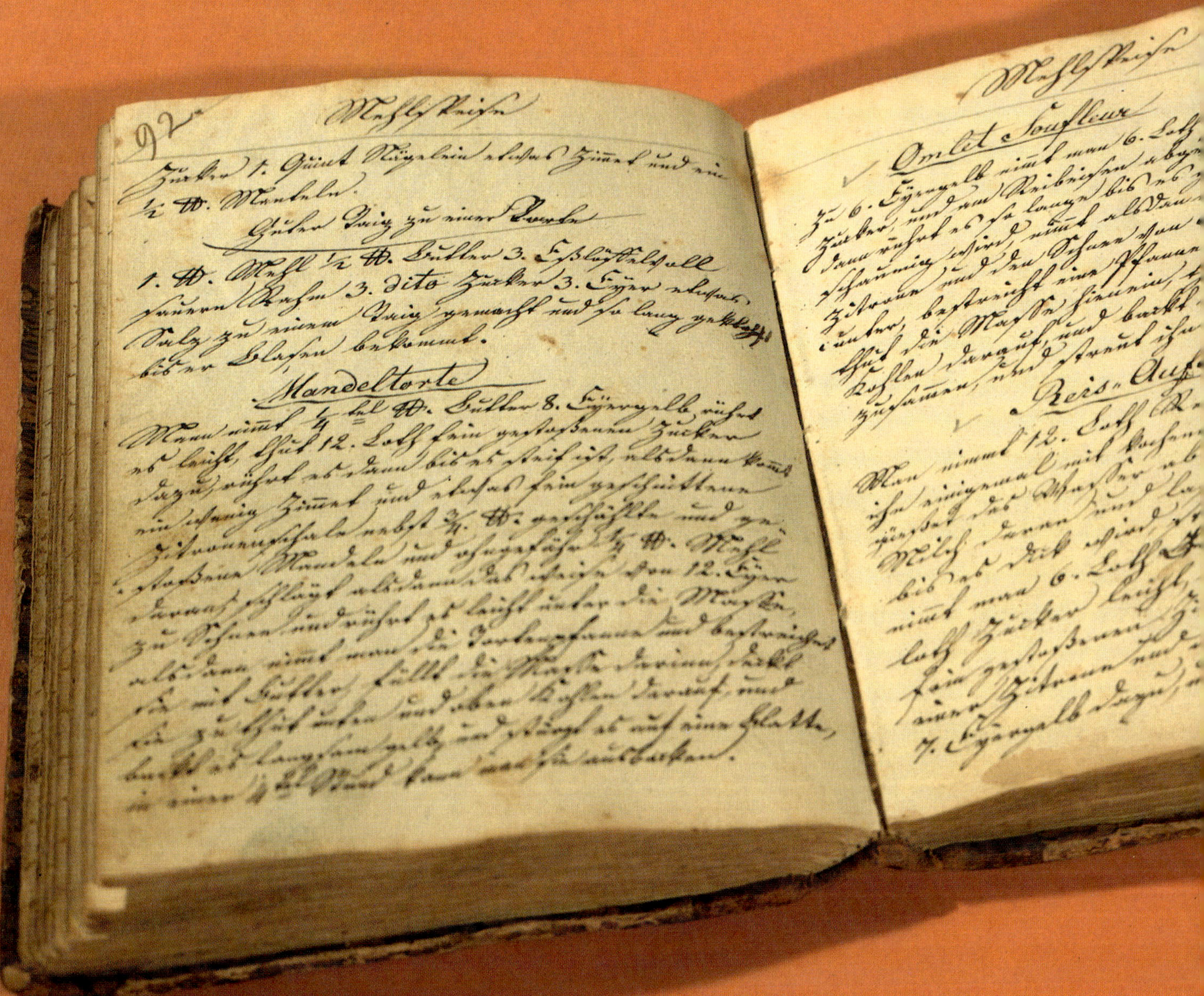
92
Mandeltorte
Omlet Soufleur

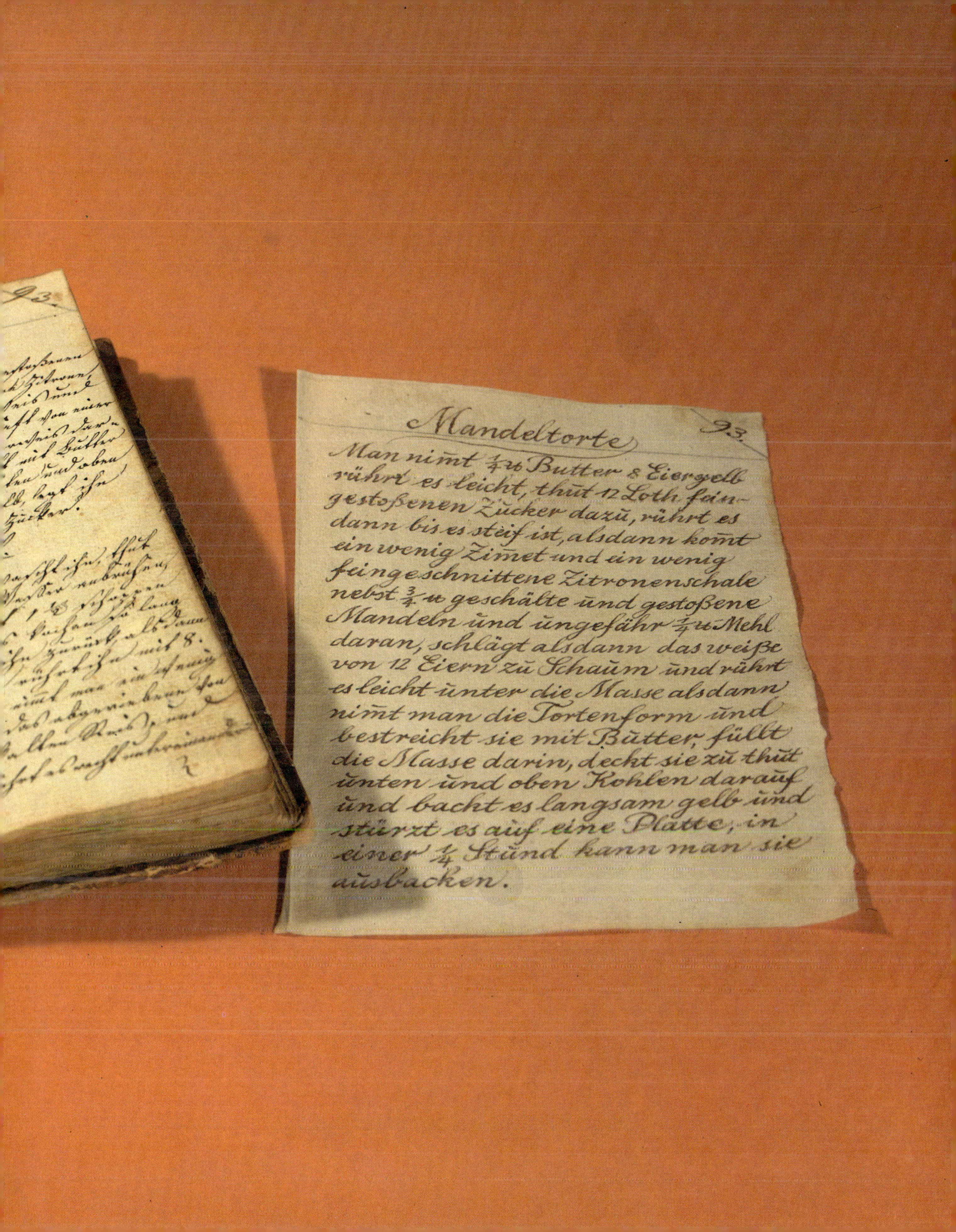
Mandeltorte 93.

Man nimt ¼ ℔ Butter 8 Eiergelb
rührt es leicht, thut 12 Loth fein-
gestoßenen Zucker dazu, rührt es
dann bis es steif ist, alsdann komt
ein wenig Zimet und ein wenig
feingeschnittene Zitronenschale
nebst ¾ ℔ geschälte und gestoßene
Mandeln und ungefähr ¼ ℔ Mehl
daran, schlägt alsdann das weiße
von 12 Eiern zu Schaum und rührt
es leicht unter die Masse alsdann
nimt man die Tortenform und
bestreicht sie mit Butter, füllt
die Masse darin, deckt sie zu thut
unten und oben Kohlen darauf
und backt es langsam gelb und
stürzt es auf eine Platte, in
einer ¼ Stund kann man sie
ausbacken.

dem Kapitän, kleideten mich in das Ehrengewand, set
durch die Straßen und das Volk war verblüfft und bele
Aus jenen Affen zum Minister machen. Und sie dran
Aufruhr um meinetwillen. Als sie mich aber zum
mal den Boden vor ihm, und einmal vor dem Ober
hieß mich sitzen, und ich ließ mich nieder aus Ehr
waren, staunten ob meiner Höflichkeit, und am K
Reiches, sich zurückzuziehen, und als niemand meh
der die Wache hatte, und einen kleinen weißen
einsetzen, und darauf lagen allerlei Vögel, hüpfen
die Wachtel und das Sandhuhn. Und er winkte
um den Boden, setzte mich und aß mit ihm. Un
ben Wassern, und ich nahm die Tintenkapsel u
Rebhuhn auf Schüssel und Platte – Weh um den
verlorenen Töchter des Sandhuhns, und das Ome
in Flammen nach Fischen – Gebettet auf Teig mit
der Magen, ich finde – Daß ohne euch alles seinen
gelb in folterndem Höllenfeuer – Gelobt sei Allah
in Öl auf Essig kompiniert! Doch als der Hunger ge
von Spangen beblitzt, die jeder Sinn liebert. Und der
silbernen Körben das Dessert und Früchte sein kandie
Eifersucht – Heut grollt sie in Wolken mit düsterer St
setzte mich in ehrerbietiger Entfernung während
und rief: O Wunder! Ein Affe, begabt mit so anmu
es ist ein Wunder der Wunder! Und man brachte
er trank, und er reichte auch mir den Becher, und ich
der König las diese Zeilen mit Staunen und Entzücken
ner Herrin zu Sitt al-Husn und sage zu ihr: Kom
durch den Anblick eines wunderbaren Affen zu erg
mit der Dame zurück, die mich kaum sah, so verhüll
Sinn für die Ehre verloren? Wie kommt es, daß es dir ge
zeigen? O Sitt al-Husn, erwiderte er, hier ist niema
der dich aufzog, und mit deinem Vater. Vor wem a
Der, den du für einen Affen hälst, ist ein höflicher und
Königs, aber er ist verzaubert, und der Ifrit Dsch
über ihn, nachdem er sein eigenes Weib getötet
Ebenholzinseln. Und der König staunte über
Ist das wahr, was sie von dir sagt? Und ich nickt
sehr. Da fragte er seine Tochter: Woher weißt
Denn der Vater in meiner Jugend war eine alte Fra
dazu, und sie lehrte mich die Kunde von der Magie u
mich lehrte, und wurde zur Meisterin in der Kunst